essentials

essentials liefern aktuelles Wissen in konzentrierter Form. Die Essenz dessen, worauf es als „State-of-the-Art" in der gegenwärtigen Fachdiskussion oder in der Praxis ankommt. *essentials* informieren schnell, unkompliziert und verständlich

- als Einführung in ein aktuelles Thema aus Ihrem Fachgebiet
- als Einstieg in ein für Sie noch unbekanntes Themenfeld
- als Einblick, um zum Thema mitreden zu können

Die Bücher in elektronischer und gedruckter Form bringen das Expertenwissen von Springer-Fachautoren kompakt zur Darstellung. Sie sind besonders für die Nutzung als eBook auf Tablet-PCs, eBook-Readern und Smartphones geeignet. *essentials:* Wissensbausteine aus den Wirtschafts-, Sozial- und Geisteswissenschaften, aus Technik und Naturwissenschaften sowie aus Medizin, Psychologie und Gesundheitsberufen. Von renommierten Autoren aller Springer-Verlagsmarken.

Weitere Bände in der Reihe http://www.springer.com/series/13088

Armin König

Bürgerkommune

Ein Überblick

Springer VS

Armin König
Illingen, Deutschland

ISSN 2197-6708   ISSN 2197-6716   (electronic)
essentials
ISBN 978-3-658-24167-4   ISBN 978-3-658-24168-1   (eBook)
https://doi.org/10.1007/978-3-658-24168-1

Die Deutsche Nationalbibliothek verzeichnet diese Publikation in der Deutschen Nationalbibliografie; detaillierte bibliografische Daten sind im Internet über http://dnb.d-nb.de abrufbar.

Springer VS ist ein Imprint der eingetragenen Gesellschaft Springer Fachmedien Wiesbaden GmbH und ist ein Teil von Springer Nature
Die Anschrift der Gesellschaft ist: Abraham-Lincoln-Str. 46, 65189 Wiesbaden, Germany

Was Sie in diesem *essential* finden können

- Einen Orientierungsrahmen und Begriffe der Bürgerkommune
- Organisation und Kommunikationsstrategien
- *essentials* auf dem Weg zur Bürgerkommune
- Das Projekt Engagierte Stadt
- 30 Thesen zur Bürgerkommune

Vorwort

Aktive Bürger sind das Sozialkapital einer Kommune. Bürgerbeteiligung war lange *die* große Hoffnung auf die Belebung der ermatteten deutschen Demokratie mit ihrer Politik- und Politikerverdrossenheit. Partizipation konnte, so dachte man in der ersten Dekade des 21. Jahrhunderts, die Rettung bringen. Willy Brandts Motto „Mehr Demokratie wagen" erlebte eine wunderbare Renaissance. Von Arnim setzte direkte Demokratie als Gegengewicht zur Macht einer „anonymen politischen Klasse" (v. Arnim 2008, 235). Man sprach von Bürgerhaushalten, Bürgerplanung, Bürgervoten, Bürgerkommune und erhoffte sich davon eine Stärkung, einer „Verlebendigung" der Demokratie (Klages 2010, 21).

Die Kommunale Gemeinschaftsstelle für Verwaltungsmanagement (KGSt), seit der Erfindung des (mittlerweile toten) Neuen Steuerungsmodells die Institution der Kommunen für Reformen, setzte eine hochkarätige Arbeitsgruppe aus Wissenschaftlern und Praktikern ein, die *essentials* zur Bürgerkommune formulierte und schließlich mit dem Bericht „Leitbild Bürgerkommune. Entwicklungschancen und Umsetzungsstrategie" (KGSt 2014) neuen Drive gab. Man war der Auffassung, Bürgerengagement könne ihrer Bedeutung gar nicht hoch genug eingeschätzt werden. Partizipation sei ein Qualitätsmerkmal lokaler Demokratie (vgl. KGST 2014, 3).

Vor allem die Verwaltungsspitzen der Kommunen, die auf die Bürgerkommune gesetzt hatten, sahen darin große Vorteile, etwa die Entscheidungslegitimation für Bürgermeister und Räte. Tatsächlich nutzten zahlreiche urgewählte Bürgermeisterinnen und Bürgermeister partizipative Elemente wie Einwohnerversammlungen oder Bürgervoten, um Machtblockaden durch die Räte zu durchbrechen.

Anders als in der Vergangenheit wollte man sich auf die Konsultation der Bürgerschaft beschränken, damit anschließend Stadt-, Gemeinderats- oder Kreistagsmitglieder frei entscheiden konnten. So sollten Konflikte weitgehend vermieden werden. Gleichzeitig wollte man auf die positiven Effekte der Partizipation nicht verzichten.

Hatte Benjamin Barber nicht geschwärmt, nur die starke, partizipatorische Demokratie sei „die einzige durch und durch legitime Form der Politik" (Barber 1994, 15–16)? Er war es auch, der 2013 und 2014 in mehreren Reden plakativ erklärt hatte, der Erde würde es besser gehen, wenn die Bürgermeister die Welt regierten, weil die in Sachen Partizipation und Bürgernähe die größte Erfahrung hätten, weil sie Pragmatiker sind, weil sie mit den Menschen direkt zusammenarbeiten, weil sie Dinge erledigen, die den Menschen auf den Nägeln brennen (Barber 2013). Für den Philosophen Volker Gerhardt ist direkte Partizipation der Bürger „das Prinzip der Politik" (Gerhardt 2007) schlechthin.

Partizipation umfasst die „Teilhabe einzelner Bürger oder die aktive Teilnahme von Gruppen am politischen Willensbildungs- und Entscheidungsprozess" (König 2011, 33). Partizipation soll im besten Sinne Gemeinwohl-orientiert sein, muss dies aber nicht. Altruismus ist also nicht zwingend notwendig. Kommunikation ist der Schlüssel der Partizipation.

Direkte politische Partizipation ist die unmittelbare Beteiligung einzelner Bürger und organisierter Gruppen an dialogischen Planungs-, Entscheidungs- und Entwicklungsprozessen mit dem Ziel der aktiven Mitgestaltung der Policy eines Gemeinwesens. Dies soll in Zeiten der Digitalisierung und der Globalisierung bevorzugt lokal, dezentral und kooperativ erfolgen.

Darum geht es letztlich in der Bürgergemeinde: um Motivation, Information, Selbststeuerung, Transparenz, Engagement, Teilhabe und Kollaboration in einem Netzwerk williger Bürger, die freiwillig Aufgaben und Entscheidungen in einer Gemeinschaft übernehmen. In Zeiten der Konsolidierung schien dies ein Mittel der Wahl, um die Bürger wieder zu interessieren und zu aktivieren, zu kooperieren, über Inhalte, Wertvorstellungen und Ziele der Kommune zu diskutieren, mit zu entscheiden und dabei durchaus auch Interessen durchzusetzen und damit lokale Politik mit zu gestalten.

Ulrike Röhrs Aufruf „Aufmischen, einmischen, mitmischen" (Röhr 1999, 1) hatte das Zeug zum neuen Schlachtruf der Partizipation.

Doch dann kam Pegida. Pegida war ein Schock. Denn Pegida hat die dunkle, hässliche Seite des Bürger-Mitmischens und Bürger-Aufmischens schlagartig deutlich gemacht. Es war die Fratze der Partizipation: Rassismus, Nationalismus, Xenophobie und antidemokratische Gesinnung als Motivation, auf die Straße zu gehen, das Schneckenhaus zu verlassen und endlich den Etablierten zu zeigen, dass auch die vernachlässigten Radikalkonservativen eine Stimme haben, wenn auch eine schrille und empörte. Die Wutbürger-Demonstrationen haben Bürgerengagement zeitweise diskreditiert.

Doch in der Folge zeigte sich auch die gute Seite der Partizipation offensiv: Quer durch die Republik setzten Initiativen zur Flüchtlingsbetreuung Akzente.

Nach guten Zeiten nun schlechte Zeiten für Bürgerkommunen angesichts des großen Kladderadatschs? Keineswegs. Die Zeiten ändern sich, und damit ändern sich auch die Rahmenbedingungen für Bürgergemeinden.

Wenn engagierte Bürger dies wollen, können sie in Graswurzelmanier (Mintzberg 2012) ihre Städte und Gemeinde umgestalten. Und wenn Bürgermeister und Stadt-/Gemeinderäte klug sind, unterstützen sie dieses Engagement tatkräftig und nachhaltig. Wir reiten kein totes Pferd. Wir satteln ein frisches.

Armin König

Inhaltsverzeichnis

Einleitung

1

1.1 Engagement und Solidarität statt Couching

Starke Demokratie erfordert Bürger-Engagement und Bürger-Power, insbesondere in Kommunen, wo sich politische Entscheidungen aller Ebenen unmittelbar auswirken.

Im 21. Jahrhundert genügt es nicht mehr, von der bequemen Couch aus zuzuschauen, was die Profis (sich) leisten. Es ist nicht nur legitim, sondern auch notwendig, sich einzumischen und einzubringen, denn die Stadt oder Gemeinde, um die es geht, ist das Gemeinwesen aller Einwohnerinnen und Einwohner.

Das ist nicht selbstverständlich in einer Zeit, in der das Motto Stéphane Hessels „Empört euch!" (Hessel 2011) vielen Bürgern anscheinend attraktiver erscheint als das ebenfalls von Hessel nahezu gleichzeitig propagierte „Engagiert euch!" (Hessel & Vanderpooten 2011).

Gerade Hessels Positiv-Beispiel macht Mut, der auf die Rolle der Nicht-Regierungsorganisationen (NGOs) in aller Welt hinweist, die Probleme vor allem im Umweltbereich und der Armutsbekämpfung aktiv angehen und nicht beim Protestieren stehen bleiben. Das ermöglicht immerhin die Chance, die Welt zu verändern, wie Hessels Gesprächspartner Vanderpooten suggeriert:

> Hierauf richtet sich meine Hoffnung. Wir leben in einer vielfach verflochtenen Welt, in der Neuerungen nur im Verbund durchgesetzt werden können. Das erfordert Solidarität. Sie zeigt sich konkret in zahlreichen, immer dichteren Vernetzungen zivilgesellschaftlicher Vereinigungen – für die Wahrung der Menschenrechte, für Wachstum und Fortschritt in benachteiligten Regionen. Die haben wir jetzt schon in den 192 Staaten der Welt, und das ist eine Menge.
>
> So konstituieren sich die Kräfte, die die Welt bewegen (Hessel 2011 & Vanderpooten, 32).

© Springer Fachmedien Wiesbaden GmbH, ein Teil von Springer Nature 2019
A. König, *Bürgerkommune*, essentials,
https://doi.org/10.1007/978-3-658-24168-1_1

1

1.2   Ohne Bürger findet Stadt nicht statt

Ohne Bürgerinnen und Bürger findet Stadt nicht statt. Sie sind Gemeinde, sie sind Stadt. Partizipation ist die Antwort auf abnehmende Akzeptanz staatlicher Entscheidungen und Planungen und die oft beschworene Krise der Institutionen.

Wenn Städte als „partizipatives Gemeinwesen" (Picone & Bauer-Polo 2001) bezeichnet werden, dann verstehen die Protagonisten darunter, dass sie „gemeinsam gelernt haben, partnerschaftlich, projektorientiert, ressort- und Kategorie übergreifend zu denken und zu handeln." (Picone & Bauer-Polo, 160). Das ist eine Herangehensweise, die dem Bürgerkommunen-Ansatz schon sehr nahe kommt. Die Aufgaben dieser Gemeinwesenarbeit mit aktiver Teilhabe der Bürgerinnen und Bürger sind vielfältig. Aktivierende Befragungen gehören ebenso dazu wie Beratungen, Projekte, Planungen, die Versorgung alter Menschen, Kommunikation, Nachbarschaftsförderung, Mobilitätskonzepte, Konfliktlösungen, Integration und Inklusion von Migranten und Menschen mit Behinderung, Netzwerkarbeit, Prävention, Jugendarbeit, Werkstattarbeit und Ordnungsaktivitäten. Es geht um Lebenswelten, Selbstorganisation, Teilhabe und Brennpunkt-Konflikte. Die sind je nach Größe der Stadt und sozialer Balance sehr unterschiedlich. Deshalb kann es keine Schnittmuster für Teilhabe im Gemeinwesen geben. Dies ist von Kommune zu Kommune verschieden.

Schwieriger als die Änderung von Lebenswelten sind Veränderungen von Machtverhältnissen. Da Kommunen immer Machträume sind, wäre es naiv, Machtfragen auszuklammern, wenn es um Partizipation und Reformen geht.

Wer im Machtraum Stadt mehr Macht an die Bürger gibt, muss anderen Beteiligten (Politik, Verwaltung, Wirtschaft, Institutionen) Macht entziehen und diese partiell neu verteilen. Das ist konfliktträchtig, aber unvermeidbar. Erstaunlicherweise ist dies in der neueren Literatur bis auf Rinn (2016) noch nicht unter dem Thema „Machtfeld" oder „Machtraum" thematisiert. Mintzberg, Ahlstrand und Lampel haben dies allerdings 1999 schon beschrieben.

> In Zeiten schwieriger Veränderungen, wenn die Macht unvermeidlich und auf unvorhersehbare Art und Weise neu verteilt wird, verwandeln sich ansonsten gesunde Organisationen in politische Arenen. Unter diesen Bedingungen stehen viele Dinge zur Disposition, und die Mitglieder der Organisation geraten in eine Situation ausgeprägter Unsicherheit. All das nährt politische Konflikte, insbesondere in der Strategiegestaltung, wo der Einsatz hoch ist (Mintzberg, Ahlstrand & Lampel 1999, 273).

Konfliktfreie Bürger- und Gemeinwesenarbeit ist nicht zu haben. Der „Kampf um Positionen und Besitzstände, Ressourcen und Karrieren, Einfluss und Macht" (Bogumil und Schmid 2001, 101) gehört zum Alltag politischen Handelns und ist deshalb auch in Partizipationsprozessen von vornherein einzukalkulieren, um Frustrationen zu vermeiden. Deshalb ist es notwendig, Stadt- und Gemeinderäte von Anfang in die Prozesse einzubeziehen (vgl. König 2011, 245).

Der Orientierungsrahmen der Bürgerkommune

2

2.1 Bürgerkommune: pragmatisch statt visionär

Paul Stefan Roß, einer der Protagonisten der Bürgerkommune, hat in seiner Studie „Demokratie weiter denken" (2012) vom „deutlich *visionären* Charakter" (Roß 2012, 549) der Idee der Bürgerkommune gesprochen. Bezogen auf baden-württembergische Erfahrungen stellte Roß fest, dass es bisher „keine Kommune, die das Leitbild Bürgerkommune eins zu eins einlöst" (2012, S. 549), gibt. Im Saarland ist die Lage ähnlich. Zwar ist unter den 52 Kommunen ein halbes Dutzend Städte und Gemeinden mit stärkeren partizipativem Charakter, doch kann nicht einmal die Demografie-Modellgemeinde Illingen („Illingen 2030") den Anspruch einlösen, Bürgergemeinde zu sein. Das mag auf den ersten Blick enttäuschen, ist aber auch eine Chance für einen Neubeginn im Sinne einer deliberativen, vernetzten lokalen Demokratie. Es sei „geradezu ein Kernertrag der baden-württembergischen Erfahrungen, wie unselbstverständlich und voraussetzungsreich eine bürgerkommunale Entwicklung ist" (Roß 2012, S. 549). Im Gegensatz zur Roß sehen sowohl das Deutsche Institut für Urbanistik (Difu) als auch die Kommunale Gemeinschaftsstelle für Verwaltungsmanagement (KGSt) die Bürgerkommune pragmatisch. Zwar ist auch bei Difu und KGSt der normative Charakter unverkennbar, doch sind die Umsetzungsvorschläge praxisorientiert. Damit wird die Messlatte für Bürgerkommunen weniger hoch gelegt. Das macht auch die Umsetzung einfacher und realistischer.

Ist die Bürgerkommune pragmatisch statt visionär, kann sie zu einem bundesweit zu etablierenden Standard werden. Das sollte das Ziel der Aktivitäten sein.

Eine zivilgesellschaftlich geprägte Kommune, deren Bürger, Gremien und Institutionen ihr Schicksal selbst in die Hand nehmen, kann auch in schwierigen Zeiten viel erreichen. Zu den wichtigen positiven Effekten zählen die Aktivierung lokalen

© Springer Fachmedien Wiesbaden GmbH, ein Teil von Springer Nature 2019

A. König, *Bürgerkommune*, essentials,

https://doi.org/10.1007/978-3-658-24168-1_2

Potenzials und sozialen Kapitals, Empowerment von bisher Unbeteiligten, die Übernahme von Eigenverantwortung und die Stärkung der kommunikativen Kompetenz (König 2011, 41). Vor überzogenen Erwartungen sei allerdings gewarnt. Planungsprofis wie Altrock empfehlen gar, dass sich partizipative Bürgerplanung auf die Bereiche beschränken soll, „in denen sie überhaupt Relevantes beitragen kann" (Altrock 2008, 77).

Das erscheint allerdings willkürlich und kontraproduktiv. Es schränkt die Mitwirkungs- und Teilhabemöglichkeit der Bürgerschaft unnötig ein. Sinnvoll ist eine offene Beteiligungskultur auf Augenhöhe. Damit gewinnt man Commitment der Bürger, die sich ihrerseits stärker mit ihrer Stadt oder Gemeinde verbunden fühlen.

Wer kommunale Selbstverwaltung ernst nimmt, muss dem Selbstverwaltungsgedanken durch die Bürger viel Raum lassen, wie es die Verfassung normativ beschreibt: „Den Gemeinden muss das Recht gewährleistet sein, alle Angelegenheiten der örtlichen Gemeinschaft im Rahmen der Gesetze in eigener Verantwortung zu regeln" (Art. 28 Abs. 2 GG). Diese Allzuständigkeit der Gemeinden steht allerdings in einem Spannungsverhältnis zum Politikverständnis der Bundes- und Landespolitik und der Exekutive von Bund und Ländern. Gleichzeitig gibt es ein „Spannungsverhältnis zwischen Verwaltungseffizienz und Bürgernähe", wie es das Bundesverfassungsgericht im Rastede-Urteil formuliert hat (BVerfGE 79, 127).

Wer zivilgesellschaftliche Mitverantwortung wirklich ernst nimmt, muss kommunal entsprechende Angebote machen. Verantwortlich sind Bürgermeister und Räte:

> Dem Spannungsverhältnis zwischen Bürgern und Staat/Verwaltung lässt sich am besten über das Verhältnis von Angebot und Nachfrage nach Bürgerbeteiligung nähern. Auf der Angebotsseite muss die Verwaltung beziehungsweise die Politik willens sein, solche Instrumente zu initiieren und diese in ihren Entscheidungsprozessen zu berücksichtigen (Wentzel 2010, 49).

Ausreichende Angebote genügen aber nicht. Sie müssen auch gut kommuniziert und in die politische Praxis umgesetzt werden. Kommunen, die sich als Bürgerkommunen verstehen, haben umfassende Informationsaufgaben zu lösen. Wenn Bürger über Planungen, Sachfragen und Haushaltsentscheidungen befragt werden, wenn deren Meinung schließlich in Sachentscheidungen der Organe einfließen sollen, dann müssen sie durch transparente Information (– auf Augenhöhe mit Verwaltung und Rat –) in die Lage versetzt werden, ebenso gute Entscheidungen zu treffen wie ihre gewählten Repräsentanten in den Gremien. Es darf dann keine selektive Informationspolitik geben. Augenhöhe heißt im gesamten Verfahren Augenhöhe. Dies muss ganz pragmatisch mit den Mitteln der Informationspolitik erfolgen, die in Zeiten der Digitalisierung erheblich massenwirksamer einzusetzen sind als in der analogen Zeit der schriftlichen Sitzungsvorlagen. Vom Rats- und Bürgerinformationssystem über Soziale Medien, Whatsapp-Gruppen, digitale Konsultationen und Wissensmanagement-Tools reichen die pragmatischen Möglichkeiten der Information und Kommunikation.

Pragmatismus in der Bürgerteilhabe bedeutet, die neuen Kommunikationsinstrumente ohne falsche Scheu zu nutzen. Nicht Bedenkenträgerei ist gefragt, sondern Mut zur umfassenden Beteiligung der Menschen einer Kommune. Wer Pragmatismus statt Visionen zur Grundlage partizipativen Handelns macht, hat die besseren Erfolgschancen.

2.2 Lokale Selbstorganisation als Leitziel

Die Thesen des Deutschen Städtetags zur Weiterentwicklung der lokalen Demokratie (2013) weisen die Richtung für die Etablierung von Bürgerkommunen. Orientierung geben vor allem die Thesen 1–3:

1. Städte und Gemeinden sind bürgerschaftlich organisiert. Die Einbeziehung der Bürger in die Erfüllung der Aufgaben der örtlichen Gemeinschaft ist der Kern kommunaler Selbstverwaltung. Die zentralen Verwaltungsorgane der Städte und Gemeinden sind unmittelbar vom Volk aus der Mitte der Bürgerschaft gewählt. Bürgerinnen und Bürger entscheiden in den Stadtverordnetenversammlungen und Gemeindevertretungen selbst. Städte und Gemeinden sind damit die Grundlage der Demokratie in Deutschland. Zur Selbstverwaltung gehört es auch, dass über den konkreten Umfang einer Bürgerbeteiligung allein von den örtlichen Entscheidungsträgern im Hinblick auf die Größe der Kommune, die konkrete Aufgaben- und Problemstellung eigenverantwortlich zu entscheiden ist.
2. Das hohe Interesse der Bürgerinnen und Bürger an einer Ausweitung bestehender wie auch an der Erprobung neuer Beteiligungsmöglichkeiten vor Ort ist ein Zeichen dafür, dass die lokale Demokratie akzeptiert und gelebt wird, auch wenn die tatsächliche Beteiligung häufig dahinter zurück bleibt.
3. Die bewährten Formen der repräsentativen Demokratie vor Ort und direktdemokratische Formen der Bürgerbeteiligung müssen in eine ergänzende Beziehung zueinander gebracht werden. Beide sind wichtige Elemente einer lebendigen lokalen Demokratie (Deutscher Städtetag 7.11.2013).

Diese Thesen sind ein Ausfluss des grundgesetzlich garantierten Rechts auf kommunale Selbstverwaltung, welches das Bundesverfassungsgericht in ständiger Rechtsprechung konkretisiert und präzisiert hat:

„Den Gemeinden muss das Recht gewährleistet sein, alle Angelegenheiten der örtlichen Gemeinschaft im Rahmen der Gesetze in eigener Verantwortung zu regeln." Art. 28, Abs. 2 GG normiert fundamental die institutionelle kommunale Selbstverwaltungsgarantie. Dabei bedeutet kommunale Selbstverwaltung „ihrem Wesen und ihrer Intention nach Aktivierung der Beteiligten für ihre eigenen Angelegenheiten" (BVerfGE 11, 266/275). Zwar erkennt auch das Bundesverfassungsgericht, dass die Willensbildung in den Kommunen heute vorwiegend durch Parteien erfolgt. Aber es gehört auch zum „Wesen der in den überschaubaren Verhältnissen des 19. Jahrhunderts gewachsenen kommunalen Selbstverwaltung, dass sie von der Mitwirkung angesehener, mit den heimischen Verhältnissen besonders vertrauter Mitbürger getragen wird und sich an den besonderen Bedürfnissen der örtlichen Gemeinschaft orientiert" (BVerfGE 11, 266/275, Rn. 25). Art. 28 Abs. 2 Satz 1 GG sichert den Gemeinden einen grundsätzlich alle Angelegenheiten der örtlichen Gemeinschaft umfassenden Aufgabenbereich sowie die Befugnis zu eigenverantwortlicher Führung der Geschäfte zu. Solche „Angelegenheiten der örtlichen Gemeinschaft" sind „Aufgaben, die das Zusammenleben und -wohnen der Menschen vor Ort betreffen oder einen spezifischen Bezug darauf haben" (BVerfG, Beschluss des Zweiten Senats vom 19. November 2014 – 2 BvL 2/13, BVerfGE 138, 1–33, Rn. 45). Damit verweist auch das Bundesverfassungsgericht auf den hohen Grad der Betroffenheit der örtlichen Bürgerschaft, die im Sinne des Gemeinwohls die Chance hat, diese, ihre Angelegenheiten selbstverantwortlich zu organisieren.

Nimmt man dieses Leitziel ernst, müssten noch viel mehr Aufgabenbereiche als bisher von Bürgern selbst organisiert werden dürfen. Die Parteien und die Kommunal-Verwaltungen haben über Jahrzehnte hinweg die kommunale Politik mit Vorschlägen, Vorlagen und konkreten Projekten dominiert. Gegen diese geballte Ladung organisierter Politik hatten die Bürger keine echte Chance. Die eigentliche Bürger-Selbstverwaltung ist deshalb bisher nur im zivilgesellschaftlichen Bereich verankert, im politischen Bereich aber eher rudimentär erkennbar. Die alten Macht-Spiele funktionieren aber nicht mehr. Lief Lokalpolitik bis in die 1990er Jahre nach dem repräsentativen Muster ab „Macht mal Politik, und wir heben oder senken den Daumen bei den Wahlen" so wird inzwischen echte Beteiligung eingefordert, denn Bürger bringen Sachverstand und Sozialkapital (Bourdieu 1983) ein. Die Bürgerkommune fühlt sich dem Leitbild der Selbstorganisation und der aktiven Bürgerschaft im Interesse des Gemeinsinns verpflichtet. Die Bedürfnisse und Interessen der Bürger sind von entscheidender Bedeutung. Indem sie freiwillig Mitverantwortung im und für den öffentlichen Raum übernehmen, erweitern sie die Handlungsmöglichkeiten der Städte und Gemeinden.

Es gibt aber Hemmnisse und Hindernisse – etwa die Angst der Eliten in Bund und Ländern, die Handlungsspielräume der Kommunen zu revitalisieren und zu erweitern. So beklagt Holtkamp zu Recht, dass „Bund und Länder faktisch nicht bereit sind, im entscheidenden Maße Kompetenzen abzugeben und das restriktive kommunale Haushaltsrecht grundlegend zu reformieren." (Holtkamp 2013, 131–132). In Zeiten der Schuldenbremse und der kommunalen Haushaltskrise werden sie es erst recht nicht tun, sofern sich nicht die lokale Ebene unter Einbeziehung der Bürger wehrt und sich stark macht für Städte und Gemeinden, in denen sich die reale, lebensnahe Politik jeden Tag hautnah verfolgen lässt. In der Kommune spielt die Musik. Damit sie spielen kann, braucht die Kommune Ressourcen, Promotoren und Sozialkapital – und Spielräume. Ehrenamtliches Engagement ist unverzichtbar. Partizipation ist der Schlüssel der Bürgerkommune. Ohne Partizipation ist Politik nur scheindemokratisch.

Für van Deth ist Partizipation ein wesentliches demokratisches Element, ja ein Fundament der Demokratie – und das nicht nur lokal:

> Partizipation ist nicht nur erforderlich für demokratische Entscheidungsfindung, sondern bietet dem Bürger auch Entwicklungs- und Selbstverwirklichungsmöglichkeiten. Ohne politische Partizipation wäre eine Demokratie unvorstellbar, da sich Demokratie auf das *Regieren durch Bürger* bezieht. Folglich kann Demokratie nicht ohne ein minimales Niveau politischer Partizipation existieren. Ein Mangel an Partizipation ist für jede Demokratie destruktiv (van Deth, 2009, 141).

Gerade weil die lokale Demokratie einem stetigen Veränderungsprozess unterworfen ist und durch Globalisierung, Migration, Digitalisierung und demografischen Wandel unter Druck gerät, sich anzupassen, muss die Akzeptanz und Legitimität von Entscheidungen gestärkt und die Partizipation der Bürger radikal verbessert werden. Das ist mühsam und erfordert komplizierte Aushandlungsprozesse in Diskursen. Es gibt aber erkennbar keine Alternative zu diesen kommunikativen Verfahren.

2.3 Politik ist immer Kommunikation

Dass Politik immer Kommunikation ist, wird seit den 1960er Jahren immer wieder beschrieben und ist heute unbestritten. Karl Deutsch hat in *The Nerves of Government* (1963) herausgearbeitet, welche Bedeutung Kommunikation, Informationsflüsse und Leitungskapazitäten der Informationskanäle in Politik und Gesellschaft haben. Es geht dabei um Informationsaufnahme und -verarbeitung, um Steuerung und Kontrolle. Auch das soziale Lernen spielt in diesem Zusammenhang eine wesentliche Rolle.

Spätestens seit den 1990er Jahren ist die strategische Bedeutung politischer Kommunikation fundamental (Jarren & Sarcinelli 1998), in der Informationsgesellschaft (Castells 2001) ist sie grundlegend für Politik überhaupt. Oswald hat allerdings auch die disruptiven Elemente der Kommunikation im digitalen Wandel beschrieben (Oswald 2018). Seit Trump ist nichts mehr, wie es war, Twitter ersetzt den seriösen politischen Dialog, Fake News beeinflussen Wahlerfolge. Auch die Rechtsaußen der AfD profitieren von solchen Kommunikationsinstrumenten, die meilenweit entfernt sind von Habermas' idealistischer deliberativer Demokratie. Das ist aber kein Grund, Kommunikation durch soziale Medien zu verdammen. Man muss anerkennen, dass Informationssysteme, die in der digitalen Interaktion genutzt werden, ebenso gut wie böse sein können. „Das erste Kranzbergsche Gesetz lautet wie folgt: Die Technologie ist weder gut noch schlecht, und sie ist auch nicht neutral" (Castells 2001, 82).

Ohne digitale Vernetzung hätten partizipative Beteiligungsformen wie die Volksinitiative „Wasser ist Leben – Saar-Heimat schützen – Grubenflutung stoppen" oder „ProH2O" (2017/2018) keine Erfolgschancen gehabt. Ihnen ist es gelungen, festgefügte, monolithische Machtstrukturen durch Graswurzelkommunikation (Speth 2013; Irmisch 2013) zu sprengen.

Netzwerk-Interaktion führt zu komplexen Strukturen, die sich den alten hierarchischen Ordnungen versagen und zunächst durchaus chaotisch wirken können. Selbstorganisierende Bürgergruppen können aber ohne Zweifel aus Chaos über mehrere Stufen der Interaktion einen Ordnungsrahmen der Verständigung schaffen. Offenheit, Netzwerkfähigkeit und Komplexität sind die Paradigmen politisch genutzter Informationskanäle (vgl. Castells 2001, 81). Dieses Netzwerk „ist in seiner Ausprägung mächtig und eindrucksvoll, aber in seiner historischen Entwicklung anpassungsfähig und offen. Umfang, Komplexität und Vernetzungsfähigkeit sind seine entscheidenden Eigenschaften" (Castells 2001, 81).

Erkennbar ist, dass die informationstechnischen und Social-Media-Entwicklungen in Verbindung mit wachsendem Misstrauen der Bevölkerung gegenüber den klassischen Eliten und Macht-Trägern nicht nur den Charakter der politischen Kommunikation radikal verändert, sondern auch die Politik selbst. Was Castells 2001 schon vorausgesagt hat, wird nun Realität.

Wenn Politik überhaupt noch einmal Vertrauen zurückgewinnen kann, dann lokal. Vertrauen ist die Grundlage von allem, und Vertrauen kann nur durch Kommunikation, Medien und Sprache geschaffen werden. Weil Vertrauen durch Kommunikation vermittelt wird, durch Metaphern, Symbole, Codes und wahre oder falsche Aussagen, ist es durch glaubwürdige Kommunikation in theoretisch globalen Netzwerken möglich, neben Sozialkapital auch politisches Vertrauenskapital zu sammeln und nutzbar zu machen.

Interaktion und Kommunikation sind die Schlüssel.

Die kommunalen Akteure der Politik (Bürgermeister, Verwaltungen, Stadt-/ Gemeinderäte) haben zwei Möglichkeiten:

Sie können resignieren oder agieren.

Bürgerteilhabe ist nur möglich, wenn die bisherigen Machtträger agieren, kommunizieren und den neuen Graswurzel-Playern neben Mitsprache und „Informationskapital" auch Macht und Einfluss zugestehen.

Damit kann jedes Dorf zum *global village* werden. Die alten Beschränkungen gelten in Zeiten der Integration von Text, Bild, Ton und der gleichzeitigen Zentralisierung (Konzerne wie Facebook) und Dezentralisierung von Macht (Individuen) nicht mehr.

Bürger können nun ohne Ortsbeschränkungen mediale Allianzen schließen, dies virtuell verbreiten und so neue Strategien entwickeln, die guerillaartig die bisherigen kommunalen und regionalen sowie nationalen Machtsysteme unterminieren.

Wäre es da nicht klüger, die Bürger von vornherein gleichberechtigt und fair in die Kommunikation und die politischen Entscheidungen einzubeziehen?

2.4 Keine Bürgerteilhabe ohne Öffentlichkeit

Bürgerteilhabe setzt umfassende Information und Kommunikation und Öffentlichkeit zwingend voraus. Es gilt der Grundsatz: Keine Partizipation ohne Kommunikation. Öffentlichkeit und Kommunikation sind konstitutiv für die Demokratie und das Gemeinwesen. In klassisch republikanischer Tradition, in der auch Habermas' deliberatives Modell steht, bedeutet dies:

> Die Meinungs- und Willensbildung in freier Öffentlichkeit ist damit die Bedingung, dass sich die vereinigten Bürger überhaupt als Gesellschaft verstehen können. Die öffentliche Kommunikation und die daraus hervorgehende Gesellschaft ist damit per se politisch, mehr noch: die Gesellschaft ist in politischem Sinne eine Gemeinschaft, weil nur die freie öffentliche Kommunikation eine gemeinsame Geschichte, Identität und legitime Macht konstituiert (Imhof et al. 2007,12)

Macht entsteht kommunikativ im öffentlichen Meinungskampf. In der Zeiten der Informationsgesellschaft und der Social Media gilt dies mehr denn je. Der Wunsch der Bürgerschaft nach Offenheit steht allerdings in scharfem Kontrast zum Vertraulichkeitsprinzip der Behörden und der Geheimniskrämerei der Parteien. Noch immer tun sich Behörden und Institutionen schwer, einen voraussetzungsfreien Zugang zu Informationen zu gewährleisten, wie es insbesondere die Umweltinformationsgesetze des Bundes und der Länder und in eingeschränkter Form die Informationsfreiheitsgesetze vorsehen.

Der Arkanbereich der Exekutive wird durchleuchtet und offengelegt. Das ist ein Angriff auf Strippenzieher und Küchenkabinette, auf Geheimprojekte und Fakten schaffende Großplanungen. Damit verändert sich die Geschäftsgrundlage, werden Grauzonen kleiner, Machtspiele eher unterbunden. Die Einführung der Informationsfreiheit war ein Paradigmenwechsel für eine Verwaltung, die über Jahrzehnte die Amtsverschwiegenheit und das Amtsgeheimnis wie eine Monstranz vor sich hertrug. Bis heute beherrscht die Mentalität der Amtsverschwiegenheit das Handeln deutscher Behörden und ihrer Repräsentanten, als habe es nie den Weg in die Informationsgesellschaft (Castells 2001) gegeben. Die Gewährleistung des Rechts auf Zugang zu Umweltinformationen gilt nach gefestigter Rechtsprechung als Grundvoraussetzung für die Öffentlichkeit, eine wirksamere Teilhabe der Bürgerinnen und Bürger an Entscheidungsverfahren zu Umweltfragen zu garantieren. Deshalb sind an dieser Stelle auch keine Kompromisse möglich. Ohne Öffentlichkeit und Transparenz, ohne umfassende Informationen ist echte Bürgerteilhabe nicht möglich.

Umgekehrt gilt: Die Gewährleistung des Rechts auf Zugang zu Informationen, die bei den Behörden vorliegen, gilt als Grundvoraussetzung, um eine wirksamere Teilhabe der Bürgerinnen und Bürger an Entscheidungsverfahren zu garantieren. Das ist der Sinn von Bürgerteilhabe.

Mehr Transparenz stärkt die lokale Demokratie, beschneidet die Informationsmonopole von Politik und Verwaltung, ermöglicht damit mehr demokratische Kontrolle und verändert die Kraftbalance zwischen Verwaltung, Politik und Bürgern zugunsten der Bürgerschaft.

In den letzten Jahren hat sich schon viel bewegt. Aber es könnte noch viel mehr getan werden, um die Öffentlichkeit zu informieren. Die Verwaltung, die ja noch immer im Sinne des Weberschen Bürokratiemodells funktioniert, „ist in ihren Wurzeln immer noch ein Kind des 19. Jahrhunderts und fühlt und benimmt sich teilweise auch noch so", wie es der SPD-Bundestagsabgeordnete Dietmar Schütz schon 1994 in einer Plenardebatte des Parlaments kritisch gesagt hat. „Bürokratien und ihre Sachwalter schotten ihre Erkenntnis- und Entscheidungssphären immer noch eher gegen den Bürger ab, als dass sie sich ihm gegenüber öffnen und mit dem Bürger zusammen die auftretenden Probleme lösen".

Transparenz ist das Gebot der Stunde. Verwaltungen und Parteien sollen sich nicht abschotten, um die Verfahrenshoheit zu behalten, sondern öffnen. Das eröffnet den gebeutelten Kommunen in Zeiten der Globalisierung, der Digitalisierung und des demografischen Wandels neue Chancen und Spielräume. Es kann nicht darum gehen, den Bürger möglichst aus Verwaltungsprozessen auszuschließen, um mehr Effizienz zu erreichen. Vielmehr geht es darum, die Potenziale der Bürgerschaft als Sozial- und Wissenskapital zu nutzen, die Bürger als Beteiligte in den Diskurs einzubeziehen und ihre Vorschläge in die Entscheidungen der kommunalen Organe fair einzubeziehen.

Das bedeutet für den Rahmen der Bürgerkommune:

Eine Bürgerkommune informiert regelmäßig, offensiv und transparent über alle wesentlichen Aspekte der Gemeinde, bezieht die Bürger in die Entscheidungsprozesse ein und ermöglicht, dass Alternativ-Entscheidungen getroffen werden können. Das setzt voraus, dass die Beteiligung so früh einsetzt, dass die Verfahren noch ergebnisoffen sind. Kommunizierende, aktivierende Kommunen mit Bürgerbeteiligung erfüllen einen wichtigen Aspekt, der Bürgerkommunen auszeichnet.

2.5 Legitimation und Ressourcen

Bürgerkommunen brauchen Legitimation und Ressourcen. Nach einer Verständigungsphase auf die anzustrebenden Ziele (am besten mit einem Runden Tisch: Bürgermeister, Rat, Bürgerschaft) ist ein Auftrag von Politik und Bürgermeister formal zu erteilen. Zur Legitimation einer Bürgerkommune gehört zwingend der Ratsbeschluss. Bürgerkommunen, die nur auf Initiative der Verwaltung auf den Weg gebracht und nicht durch das Organ Stadt-/Gemeinderat legitimiert sind, haben so lange keine Entscheidungs- und Handlungsmacht, solange ihnen nicht garantiert wird, dass ihre Ergebnisse auch in die kommunale Politik einfließen (können).

In der repräsentativen Demokratie, die durch partizipative Elemente ergänzt wird, haben die Organe der Gemeinde grundsätzlich die Entscheidungsgewalt. Deshalb macht es wenig Sinn, eine Bürgergemeinde nur als Grassroots-Projekt oder nur in Kooperation zwischen Bürgermeister und Bürgerschaft aufzubauen. Kein Gemeindeorgan darf sich durch das Leitbild Bürgerkommune ausgegrenzt oder beschnitten fühlen.

Partizipation soll aber nicht nur eine Alibi-Funktion haben, wie dies bei Agenda-21-Prozessen vielfach der Fall war. Projekte „für die Schublade" oder nur für die Presse, die keine Chance auf Realisierung haben, führen letztlich zu Frustrationen und Demotivation.

Das Demokratiegebot des Art. 20 abs. 2 GG ist „offen für Formen der Organisation und Ausübung von Staatsgewalt, die vom Erfordernis lückenloser personeller demokratischer Legitimation aller Entscheidungsbefugten abweichen", wie das Bundesverfassungsgericht 2002 entschieden hat (BVerfG, Beschluss des Zweiten Senats vom 05. Dezember 2002 – 2 BvL 5/98). In Anlehnung daran kann auch die Legitimation der Bürgerkommune betrachtet werden. Sie dient dem Interessenausgleich und der Stärkung der Demokratie sowie einer effektiven Aufgabenerledigung im Sinne des Gemeinwesens. Die Aufgaben und Handlungsbefugnisse müssen aber ausreichend vorherbestimmt sein und „der Aufsicht personell demokratisch legitimierter Amtswalter" unterliegen.

Wer die Bürgerkommune will, muss dies transparent in die Gemeindeorgane kommunizieren und von diesen beschließen lassen. Die Gremien müssen von Beginn an informiert und beteiligt sein.

Mitentscheidend für den Erfolg einer Bürgerkommune ist eine sorgfältige Ressourcenplanung für die Bürgerbeteiligung. Auch wenn niemand zu Beginn eines solchen Projekts genau kalkulieren kann, mit welchem Aufwand ein solch ganzheitliches, nachhaltiges Projekt zu realisieren ist, muss trotzdem realistisch abgeschätzt werden, welche Ressourcen wann notwendig sind. Zu klären sind auf Verwaltungsseite

- Geldressourcen (unverzichtbar)
- Personalressourcen (unverzichtbar)
- Zeitressourcen (unverzichtbar)
- Sachmittel (unverzichtbar)
- Freie Raumkapazitäten
- Expertenwissen
- Möglichkeiten der Wissensrecherche
- Investitionsmittel, die im Haushalt zu veranschlagen sind.

Es erscheint aufgrund der bisherigen Erfahrungen sinnvoll, das Projekt Bürgerkommune zu institutionalisieren, organisatorisch eindeutig zu verorten und zu personalisieren. Bürgerbeteiligung braucht eine Anlaufstelle, die Kontinuität garantiert. Die Verwaltung muss statt Dominanz (Zuständigkeit, Macht, Herrschaftswissen) Partnerschaft praktizierenden.

Zu den entscheidenden Ressourcen gehört aber auch die
Ressource Bürgerengagement mit der
Ressource Bürger-Zeit.

▶ Um dies zu steuern, bedarf es ganzheitlicher Management-Ansätze in der Kommunalpolitik, in der die Ressource Bürgerengagement eine wichtige Rolle spielt. Da keine Rolle bei null beginnt und praktisch überall schon Projekte und Aktivitäten unter Bürgerbeteiligung laufen, ist es notwendig, Bürgerengagement systematisch in die Mittelfrist-Planungen einzubeziehen, haushaltsmäßig zu veranschlagen und organisatorisch und in Zeitplänen zu verankern.

Ziel der Management-Ansätze: Nachhaltig und ganzheitlich arbeiten. Bürger können sich dabei engagieren, müssen es aber nicht. Politik und Verwaltung schaffen die Voraussetzungen.

Begriffe der Bürgerkommune 3

3.1 Bürgerkommune

Bei der Bürgerkommune handelt es sich um eine partizipativ agierende Gemeinde, in der Bürger in Governance-Arrangements direkt und freiwillig an der Vorbereitung und Umsetzung politischer Entscheidungen beteiligt sind und aktiv in Entscheidungsfeldern Verantwortung für das Gemeinwesen übernehmen. Zu den potenziell Beteiligten gehören Privatpersonen, Vereine, Institutionen, Wirtschaft, Verbände, Kirchen, Initiativen und politische Parteien (vgl. Roß & Roth 2018; KGSt 2014; Plamper 2000, 27). Der Begriff wurde von Banner (1998) eingeführt.

Säulen der Bürgerkommune sind Bürgerengagement, Bürgerbeteiligung und Bürgerservice. Dies soll die Identifikation und die Zufriedenheit der Bürger mit ihrer Kommune stärken, die Öffnung der Verwaltung fördern, kommunale Haushalte entlasten, Verständnis für Prioritäten und finanzielle Pro- und Contra-Entscheidungen wecken, Selbststeuerungskräfte aktivieren, solidarische Netzwerke der Bürger stärken und eine effektivere Politik ermöglichen.

Die Bürgerkommune nutzt dialogische Formen der Kommunikation und Kooperationsformen. Sie setzt ein aktives Partizipationsmanagement der Verwaltung und politikfeldübergreifende Kooperationen voraus. Von Politik und Verwaltung wird die Bereitschaft zum Dialog und zur Delegation erwartet.

Im Konzept der Bürgerkommune haben Verwaltung und lokale Politik nach wie vor zentrale Organ-Funktionen, gleichzeitig werden die Bürgerteilhabe und die kommunale Selbstorganisation gestärkt. Wichtig ist eine faire Aufgabenteilung zwischen Staat und ziviler Gesellschaft. Dies ist eine Absage an systematisches Deregulieren und Privatisieren.

© Springer Fachmedien Wiesbaden GmbH, ein Teil von Springer Nature 2019   17
A. König, *Bürgerkommune*, essentials,
https://doi.org/10.1007/978-3-658-24168-1_3

Ein wichtiges Ziel der Bürgerkommune ist es, das Gemeinwohl zu fördern und soziales Kapital (Bourdieu 1983) in der lokalen Politik zu akquirieren, auch über unterstützende Netzwerke. Gleichzeitig soll die Bürgerkommune denjenigen, die sich aktiv einbringen, die Chance zur Eigenverantwortung und zur Selbstverwirklichung ermöglichen. Wichtig ist eine Anerkennungskultur für die aktiven Einwohner. Damit werden die Leistungen der Bürger für ihre Kommune zumindest ideell honoriert.

Selbstverständlich ist es bisher nicht, dass Partizipation stattfindet und Verwaltung und Politik intensive Bürgermitwirkung zulassen. Warum es nicht mehr Bürgergemeinden in Deutschland gibt, wenn so viele positive Effekte bei echter Partizipation beschrieben werden, haben Klages et al. (2008, 10–12) anhand von Hemmnissen und Problemen erläutert:

- zu wenig Beteiligungsangebote der Kommunen,
- Widerstände in Verwaltungen und Stadträten, Macht zu teilen,
- Aufwand der Koordination bei gleichzeitigen Personaleinsparungen,
- schlechte Erfahrungen der Bürger mit Planungsprozessen (Umsetzung, komplizierte Beteiligungsinstrumente, unklare Spielregeln),
- fehlende Mittel zur Implementierung,
- zu wenig Einfluss und Verantwortung.

Kritiker gibt es sowohl in der Wirtschaft als auch bei Arbeitnehmervertretern in Personalräten und Gewerkschaften, bei linken und konservativen Politikern, denn die Bürgerkommune verändert Machtverhältnisse. Das Kräftedreieck zwischen Rat, Verwaltung und Bürgern wird neu justiert. Es besteht aber auch die Gefahr, dass bisher professionelle Angebote auf Ehrenamtliche abgeschoben werden. Die Bürgerkommune bietet realistische Chancen, die lokale Demokratie zu (re)vitalisieren. Transparenz ist dabei eines der obersten Gebote. Die Bürger müssen wissen, dass ihre Argumente ernst genommen werden und im Abwägungsprozess eine Rolle spielen.

Zu den Spielregeln zählt auch in der Bürgerkommune, dass erste Auftraggeberin der Verwaltung das demokratisch legitimierte Gremium bleibt, also der Stadt- oder Gemeinderat. Die Verwaltung hat die Beschlüsse der Räte vorzubereiten und auszuführen. Das ist und bleibt eine ihrer wichtigen Selbstverwaltungsaufgaben. Die Bürgerkommune kann aber wesentlich „zur Legitimationsentlastung der kommunalen Entscheidungsträger beitragen" (Bogumil et al. 2003, 84). Wenn Bürger sich mit ihrer Stadt oder Gemeinde identifizieren, wenn sie Verständnis für Schwerpunktsetzungen und finanzielle Pro- und Contra-Entscheidungen aufbringen, wenn Selbststeuerungskräfte aktiviert werden, wenn Bürger zu Ideengebern in der Bürgerkommune (König 2009) werden, stärkt dies die lokale Demokratie (Sinning 2006, 88). Dann müssen allerdings Zugangswege erleichtert und attraktive Beteiligungsangebote gemacht werden. Wenn sich Übernahme von Verantwortung lohnt und gesellschaftlich wirksam ist, erscheint die Idee der Bürgerkommune ausgesprochen reizvoll.

3.2   Partizipation

„Partizipation in der Bürgerkommune" (Bauer 2017) umfasst die Teilhabe einzelner Bürger oder die aktive Teilnahme von Gruppen am politischen Willensbildungs- und Entscheidungsprozess. Das Ziel politischer Partizipation ist es, sich zu informieren, über Inhalte, Wertvorstellungen und Normen in Politik und Gesellschaft zu kommunizieren (vgl. Habermas 1981, 133–134), Interessen durchzusetzen und damit Politik mitzugestalten. Im Fokus des Interesses stehen alle Handlungen, „die Bürger freiwillig mit dem Ziel unternehmen, Entscheidungen auf den verschiedensten Ebenen des politischen Systems zu beeinflussen (Kaase 1997, 160). Institutionalisierte Partizipation bezeichnet die Verankerung der Bürgerteilhabe in Gesetzen, Normen, Regeln und Institutionen, die sowohl repräsentativ als auch basisdemokratisch aufgebaut sein können. Direkte Demokratie hat in den letzten Jahren zunehmend an Bedeutung gewonnen.

Partizipation ist ein Herzstück der Demokratie (Verba et al. 1995,1), für den Philosophen Volker Gerhardt ist sie „das Prinzip der Politik" (Gerhardt 2007) schlechthin, weil alle Politik darauf beruhe. Benjamin Barber nennt die starke, partizipatorische Demokratie „die einzige durch und durch legitime Form der Politik" (Barber 1994, 15–16). Kritiker des repräsentativen Systems sehen direkte Demokratie als Gegengewicht zur Macht einer anonymen Elite, die angeblich „abgehoben" und bürgerfern entscheidet (Elitenkritik).

Partizipation hat vor allem im lokalen Bereich eine große praktische Bedeutung. Sie soll die Identifikation der Bürger mit ihrer Kommune stärken, die Einflussmöglichkeiten der Einwohner verbessern und ihnen damit mehr Macht geben, Interessen außerhalb der Parteiendemokratie zu vertreten. Ziel ist eine aktive und aktivierende, solidarisch handelnde Kommune, die sich selbst organisiert – in Zeiten der Globalisierung bevorzugt dezentral und kooperativ.

3.3   E-Partizipation

E-Partizipation bezeichnet Online-Verfahren und Plattformen, die eine Beteiligung von Bürgern am politischen Entscheidungsprozess über digitale Kanäle ermöglichen. Nach Macintosh ist E-Partizipation „die Nutzung von Informations- und Kommunikationstechnologien, um die politische Beteiligung der Bürger zu erweitern und zu vertiefen" (Macintosh 2006).

Martini geht einen Schritt weiter und sieht E-Partizipation über das Internet „als Impulsgeber einer neuen Architektur partizipativer Staatlichkeit" (Martini 2014, 5). Dies hängt eng zusammen mit der Grundphilosophie einer „Collaborative Governance" (Martini 2014, 7).

Zu den Typen und Erscheinungsformen zählen Wissensgenerierung, Infoportale, Meinungssammlungen, Bewertungs- und Beschwerdeportale, „Online-Konsultationen als Herzstück der E-Partizipation" (Martini 2014, 14), Aktivitäten zur Mobilisierung der Bürger, Abstimmungen (E-Voting). Notwendig für den Erfolg sind Nutzerorientierung und gute Responsivität.

Differenzierte Varianten sind:

- E-Information
- E-Konsultation
- E-Diskurs
- E-Petition
- E-Voting (nach Martini, 2014, 198)

Kretschmer & Werner gingen schon 2011 davon aus, dass „das Internet unsere Demokratie verändert". In welchem Umfang dies zutrifft, hat nicht nur die Wahl Trumps zum US-Präsidenten gezeigt. Auch die Facebook-Meinungskämpfe um die Migrationspolitik belegen die Bedeutung der digitalen Öffentlichkeit.

Organisation der Bürgerkommune

4

4.1 Organisieren und Ressourcen planen

Die direkte Mitwirkung der Bürger setzt systematisches Kommunizieren und Vernetzen voraus. Die Einführung der Bürgerkommune muss strategisch gemanagt werden. Die Verwaltungsspitze soll Motor der Entwicklung und der Veränderung sein. Wo Bürgermeister als Bedenkenträger handeln, ist die Idee der Bürgerkommune von vornherein zum Scheitern verurteilt. Die Rathaus-Chefs sind Machtpromotoren, Kommunikatoren, Entscheider, Leiter, zuweilen auch Vetospieler. Neben Machtpromotoren sind auch Prozess- und Fachpromotoren von Bedeutung, wobei Bürgermeister diese Rollen nicht spielen sollen. Dies ist Aufgabe interner und externer Experten. Die Moderation des Prozesses soll extern erfolgen, da Bürgermeister und Verwaltungsmitarbeiter stets „Partei" sind.

Wesentliche erste Schritte zur Einführung der Bürgerkommune sind:

- Orientierungsrahmen festlegen, organisieren und Ressourcen planen,
- Interne Bestandsaufnahme (relevante Themen, Defizite),
- Kommunikationsstrategie und Information (Open Governance),
- Potenzielle Akteure (Stakeholder),
- Legitimation durch Ratsbeschluss, faire Spielregeln festlegen,
- organisatorische Grundstrukturen institutionalisieren,
- Sensibilisierung der Mitarbeiterinnen und Mitarbeiter.
- Kick-off und Prozesseröffnung

Strategie statt „Muddling Through" (Lindblom 1959) heißt das Motto. Es empfiehlt sich, in einem Reader für die Beteiligten einen Orientierungsrahmen vorzugeben. Dieser sollte in einem Ratsbeschluss legitimiert und verbindlich gemacht werden.

© Springer Fachmedien Wiesbaden GmbH, ein Teil von Springer Nature 2019
A. König, *Bürgerkommune*, essentials,
https://doi.org/10.1007/978-3-658-24168-1_4

Der Freiheitsrahmen innerhalb dieses Orientierungsrahmens kann dann immer noch sehr groß sein. Aufgabe der Moderation und der Lenkungsgruppe ist es, Möglichkeitsräume für die Gestaltung zu eröffnen.

Wie dies funktioniert, kann am Beispiel der Einführung des Zukunftsprojekts „Illingen 2030", einem partizipativen Modell der aktiv handelnden Demografie-Gemeinde (König 2011, 240), nachvollzogen werden. Am Beginn stand eine Ist-Soll-Analyse, um Rahmenbedingungen, Strukturierung, Legitimation, Finanzierungsmöglichkeiten, Kommunikationsstrategien und die Organisation zu klären. Führungskräfte und Mitarbeiter wurden sensibilisiert, die Projektleiterin in der Verwaltungshierarchie verankert, um wirkungs- und machtvoll agieren zu können. Ohne Verankerung in der Hierarchie haben Mentoren der Bürgergemeinde kaum eine Chance, auf Dauer Akzeptanz für Ressourcen, Finanzen, organisatorische Kapazitäten und Vernetzungen zu finden.

Für den Erfolg einer Bürgerkommune unerlässlich sind auch die Organisation und die Garantie der Ressourcen. Ohne Ressourcenplanung keine Sicherheit, keine Nachhaltigkeit, keine Zuverlässigkeit, kein Zeitmanagement, kein Erfolg. Dabei spielen mittlerweile auch IT-Soft- und Hardware eine wichtige Rolle.

Organisatorische Perfektion ist eine der wichtigsten Voraussetzungen für den Erfolg eines Beteiligungsprojekts.

4.2   Die IST-Analyse – Standortbestimmung

Die Ist-Analyse, die objektiv sein muss, wenn eine Kommune krisenhafte Symptome zeigt, ist Voraussetzung von Veränderungsprozessen. Wer unvoreingenommen Stärken, Schwächen, Bedrohungen und Chancen analysiert, hat den Vorteil, auf gesicherter Grundlage diskutieren zu können und systematisch an Chancen und Stärken zu arbeiten. Gleichzeitig sollen Risiken und Schwächen neutralisiert oder zumindest in ihrer Bedeutung reduziert werden.

Dabei erscheint vor allem die Matching-Strategie erfolgsversprechend: Mit der Etablierung neuer strategischer Ziele sollen neuen Chancen genutzt werden, die gut zu den Stärken der Kommune passen. Die Weiterentwicklung einer Stadt oder Gemeinde zur Bürgerkommune bietet dabei gute Chancen, einen Schnitt vorzunehmen und neue Prioritäten zu setzen sowie neue Profile zu schärfen.

Zu den großen Fehlern im Strategieprozess gehört allerdings die vielfach beobachtete Praxis, dass ein Großteil der Ressourcen für Bestandsaufnahme und Analyse verbraucht werden, ohne dass irgend ein Meilenstein erreicht, ein Fortschritt **AF1** erkennbar wäre. Analysen sind wichtig, aber sie sind immer nur Momentaufnahmen. Das Hauptaugenmerk muss auf erkennbaren Veränderungsschritten im Partizipationsprozess liegen.

4.3   Kommunikationsstrategie und Information

Die Bürgerkommune braucht Bürger-Kommunikation. Die Beteiligten müssen offen und intensiv kommunizieren und informieren. Kommunikation ist ein Schlüssel der digitalen Welt für Kommunen, Stakeholder und Unternehmen. Smartphones und Tablets sind Instrumente der Wahl, um digital zu kommunizieren. Waren es zunächst klassische Emails, SMS und spezialisierte Anwendungen, sind es längst Apps, auf denen die Kommunikation sich abspielt. Von den Social-Media-Apps Facebook, Messenger, Instagram und Twitter über WhatsApp, Threema und Telegram bis hin zu Apples iMessage ist vieles nutzbar, die Wahl der Apps scheint schier unerschöpflich.

Den schier unerschöpflichen Möglichkeiten stehen die Risiken des Datenmissbrauchs entgegen – und die Vorschriften der Europäischen Datenschutzgrundverordnung. Notwendig ist Vertrauen in die Government-to-Citizen-Kommunikation (G2C-Kommunikation). Dieses Vertrauen in die digitale Kommunikation ist fundamental. Deshalb muss sorgfältig ausgewählt werden, welcher Kommunikationskanal genutzt wird. Er muss verbreitet, allgemein und einfach nutzbar und sicher sein. Wenn Kommunalpolitik künftig ständig rückgekoppelte Kommunikation Kommune – Bürger – Kommune – Bürger ist, wird sie sich trotz des repräsentativen Systems fundamental verändern.

Es gibt mehr Pluralität unter den Akteuren, das Prinzip des Arkan-Geheimnisses der Verwaltung und die Geheiminformationen haben auf Dauer keine Chance gegen die digitale Gegen- und Medienöffentlichkeit. Den Verwaltungen ist deshalb von vornherein zu empfehlen, auf Open Government und Open Data umzusteigen und alles öffentlich zu machen, was nicht zwingend vertraulich bleiben muss. Das ist ein radikaler Paradigmenwechsel.

Habermas hat erkannt, dass Kommunikation auf eine „Anerkennung kritisierbarer Geltungsansprüche" (Habermas 1981, 37) hinausläuft. Geltung, Anerkennung, Ansprüche, Kommunikation, Kritik, Parteinahme, Sensibilität von Wünschen und Gefühlen – man staunt, wie modern Habermas' Ansatz auch in Zeiten der Globalisierung, der Digitalisierung und der Trumpschen Twitterei ist.

Wenn Kommunikation essenziell ist für Bürgerkommunen, brauchen die Akteure eine nachhaltige und stringente Kommunikationsstrategie – auch gegenüber den Bürgern, die nicht mitmachen. Denn auch dies gehört zu den Rechten der Bürger in der Bürgerkommune: sich der aktiven Beteiligung zu verweigern, sei es, weil sie Repräsentanten gewählt haben, sei es, weil sie sich nicht beteiligen wollen, sei es, weil sie ihre Interessen durch Initiativen der Zivilgesellschaft vertreten sehen.

Aus einer Makroperspektive ist der strukturelle Wandel politischer Kommunikation deshalb politisch bedeutsam, weil er zu einem Wandel des Politischen führt. Denn die politische Kommunikation berührt nicht allein die öffentliche Darstellung, sondern auch die Herstellung von kollektiv bindenden Entscheidungen. In der Politik sind Darstellung und Herstellung von Politik eng verwoben. In einem demokratischen Kontext bedürfen kollektiv bindende Entscheidungen einer öffentlich erörterbaren Legitimität – darum ist die politische Kommunikation von zentraler Bedeutung für die Politik. Von daher sind die Veränderungen des kommunikativen Kontextes für die Politik von zentraler Bedeutung (Vowe 171).

Kontrollverluste der bisherigen Macht(in)haber sind programmiert, Emergenz ist eine ständige Nebenerscheinung: Prozesse laufen anders, als die Planer sich dies vorgestellt hatten. Der Guru des Informationszeitalters, Manuel Castells, sprach schon 2001 vom „Aufblühen spontaner, informeller Kommunikation" (Castells 2001, 403). Für die Politik und insbesondere die Verwaltung bedeutet dies nicht zwangsläufig Kontrollverlust. Trotz breiter Partizipationsmöglichkeiten bleiben die Experten im Besitz von Spezialwissen, und sie wissen auch, wie damit rechtlich und administrativ umzugehen ist. Die neuen Gesetze der Mediendemokratie mögen mehr Aufwand erzeugen, mehr Emergenz, aber sie ermöglichen auch unkonventionelle neue Lösungen, die von breiter Zustimmung getragen sind.

Für die praktische Arbeit der Verwaltungen bedeutet dies:

Öffnen Sie Ihre Schatzkisten. Stellen Sie Verwaltungsvorlagen für öffentliche Gemeinderatssitzungen ins Netz, erläutern Sie Planungen umfassend, kommunizieren sie auch Auge in Auge, schaffen Sie Vertrauen. Vertrauen ist der Schlüssel der Politik in der 2. Dekade des 21. Jahrhunderts.

4.4   Akteure der Bürgerkommune – Wer partizipiert?

Bürger, Unternehmen, Vereine, Verbände, Hilfsorganisationen, Medien, Unternehmen, Gewerkschaften, Kirchen, Stiftungen – sie alle können Akteure der Bürgerkommune sein. Es kommt schon zu Beginn des Prozesses wesentlich darauf an, Stakeholder zu motivieren, mitzumachen und ggf. auch zu mobilisieren.

Partizipation braucht gute Gründe. An der künftigen Bürgerkommune liegt es, diese guten Gründe von vornherein rechtzeitig und mit den richtigen Mitteln umfassend zu kommunizieren. Die Zukunft gehört denen, die neu denken, die Zukunft gehört denen, die Mut zum Handeln unter veränderten Bedingungen haben, die Zukunft gehört denen, die die Verhältnisse zum Tanzen bringen und sich selbst neu erfinden. Umsonst ist dies nicht zu haben.

Einzelhandel und Gewerbe gehören zu den schwierigsten „Kunden", da sie oft fixiert auf die eigenen Probleme sind und angeblich zu wenig Zeit haben, sich auch noch für die Kommune zu engagieren. Es kommt darauf an, im Rahmen einer MIT-KOMM-STRATEGIE (Motivation, Information, Teilhabe, Kommunikation) auch den „schwierigen" Playern zu vermitteln, dass die Bürgerkommune eine Win-Win-Situation für alle Beteiligten bringen kann. Die Gewerbetreibenden selbst müssen sich stärker engagieren und kreative Lösungen für Marketing, Kundenbindung und Warenpräsentation finden. Lösen können sie ihre Probleme durch Kooperationen und Innovationen. Die Kommunen sollten sie dabei nachhaltig unterstützen. Außerdem ist es Aufgabe der Kommunen, interkommunal Standortaufwertung zu betreiben und Sicherheit und Sauberkeit zu gewährleisten. Wer dies offensiv kommuniziert, wird die Gewerbetreibenden gewinnen.

Auch Jugendliche sind eine wichtige Zielgruppe. Denn in einer „ageing society" dürfen Jugendinteressen nicht vernachlässigt werden, will die Kommune Zukunft haben. Die Verantwortlichen brauchen Mut zu unkonventionellen Jugendideen und zu direkter Jugendbeteiligung. Jugendliche sind partizipationswillig, müssen aber zielgruppengerecht (jugendgemäße Partizipationsformen und neue Medien) angesprochen werden. Gute Jugendprojekte sind in hohem Maße erfolgsversprechend. Ob Jugendliche zu motivieren und zu aktivieren sind, hängt entscheidend davon ob, ob das Thema sie persönlich interessiert, wie sie angesprochen werden und ob sie auf Augenhöhe mit Politik und Verwaltung agieren können. Dazu gehören Offenheit, Fairness und die Chance, dass junge Menschen ihre Ideen nicht nur äußern, sondern auch umsetzen können.

Traditionelle Instrumente sind kaum geeignet, Jugendliche zu aktivieren und zu motivieren. Empfohlen wird der Einsatz neuer Partizipationsinstrumente und neuer Medien. Die Ergebnisse der Jugendforschung belegen: Partizipation junger Menschen ist nicht nur theoretisch, sondern auch praktisch möglich und offenkundig auch erfolgsversprechend. Dazu gehört auch die Bereitschaft, Verantwortung abzugeben und die Jugendlichen selbst entscheiden zu lassen.

4.5   Beispiele für E-Partizipation und Netzwerke

War beim KGST-Bericht 3/2014 das Thema E-Partizipation noch ein Zukunftsaspekt, so ist dies 2018 bereits ein Schlüsselthema, das vielfach praktisch eingesetzt und umgesetzt wird.

Beispielhaft seien die Projekte genannt, die im Portal der Fachzeitschrift Kommune 21 aufgeführt sind:

- Eschwege: Mit Crowdmapping zum Stadtumbau
- Wiesbaden: Dein.Blog als Beteiligungsplattform für Bürger
- Hamburg: Bürger planen online Bahnhofsquartier mit
- Monheim am Rhein: Neue Konsultationsplattform für Bürger
- Bodenseekreis: Bürgerideen zum Haushalt via Online-Plattform „Sags doch"
- Potsdam: Ideen- und Dialogplattform MaerkerPlus
- Bonn-Bad Godesberg: Große Online-Beteiligung beim Leitbildprozess

Facebook, Whatsapp, Instagram sind populäre Netzwerke, die von den Bürgern intensiv genutzt werden. Das Web ist zur selbstverständlichen Plattform geworden. So ist E-Partizipation eine echte Chance, stark vernetzte Beteiligungsaktivitäten aufzubauen, ohne dafür hohe finanzielle Aufwendungen betreiben zu müssen. Allerdings ist zwingend die Datenschutzgrundverordnung zu beachten.

Über Beteiligungsportale, Konsultationsplattformen, Bürgerdialoge und Online-Debatten können die Bürger stärker in Konsultations- und Entscheidungsprozesse eingebunden werden und damit zu echter politischer Teilhabe außerhalb der Gremien gelangen. Erfolgreich genutzt werden auch digitale Petitionen. TTIP hat viele Bürger mit diesem Instrument vertraut gemacht.

Die Prognose sei erlaubt, dass E-Partizipation zu einem neuen Standard werden wird. Netzwerke sind State-of-the-Art.

Allerdings erfordern Online-Netzwerk-Moderationen in Zeiten von Fake News einen hohen Moderations- und Redaktionsaufwand. Dies ist aber offensichtlich unvermeidlich.

Engagierte Stadt

5

5.1 Initiatoren

Das Netzwerkprogramm Engagierte Stadt ist eine gemeinsame Initiative der Bertelsmann Stiftung, der BMW Stiftung, des Generali Zukunftsfonds, der Herbert Quandt-Stiftung, der Körber-Stiftung, der Robert Bosch Stiftung und dem Bundesministerium für Familie, Senioren, Frauen und Jugend. Aufgelegt wurde es 2015. Fünf Stiftungen, ein Unternehmen und die Bundesregierung investierten mehr als drei Millionen Euro, um „die Weiterentwicklung von Engagementstrukturen in Städten und Gemeinden zu stärken" (www.engagiertestadt.de).

Bewerben konnten sich zivilgesellschaftliche Organisationen aus Städten und Gemeinden zwischen 10.000 und 100.000 Einwohnern. Aus insgesamt 272 Bewerbungen wählte eine Jury in einem zweistufigen Auswahlverfahren die 50 Konzepte aus, die sie überzeugend fand. Entscheidend war der Nachweis, dass die Organisationen mit anderen relevanten Akteuren vor Ort zusammenwirken. Zu den ausgewählten Teilnehmern der Engagierten Stadt zählen zum Beispiel Freiwilligenagenturen, Mehrgenerationenhäuser, Vereine oder Wohlfahrtsverbände. Gefördert wurden zunächst Einrichtungen in 50 Kommunen, die ihrerseits bis zu 20 weitere lokale Institutionen vorwiegend aus dem zivilgesellschaftlichen Bereich in ihre Prozesse des bürgerschaftlichen Engagements einbeziehen. Die Förderbeträge lagen bei 46.000 bis 50.000 EUR.

Neben der finanziellen Förderung erhalten die Mitwirkenden Beratung durch die Stiftungen beim Aufbau eines bundesweiten Netzwerks, in dem sie sich austauschen und ihre Lösungen und Lösungsansätze gegenseitig zur Verfügung stellen können, etwa in Formen wie Barcamps.

© Springer Fachmedien Wiesbaden GmbH, ein Teil von Springer Nature 2019
A. König, *Bürgerkommune*, essentials,
https://doi.org/10.1007/978-3-658-24168-1_5

5.2   Ziele

Als Ziel nannte die damalige Bundesfamilienministerin Schwesig den Aufbau einer „nachhaltigen Engagementkultur, die von Bürgerinnen und Bürgern, Verwaltung und Unternehmen gemeinsam getragen wird" (Schwesig 2015). In der Selbstdarstellung auf der Webseite engagiertestadt.de heißt es: „Die Engagierte Stadt begleitet Menschen und Organisationen vor Ort auf ihrem gemeinsamen Weg zu starken Verantwortungsgemeinschaften." (www.engagiertstadt.de).

Im Fokus soll eine ganzheitliche Strategie stehen. Projekte spielen aber nach wie vor eine Rolle. Ziel ist es, lokal mit Akteuren aus Zivilgesellschaft, Kommunalpolitik und Wirtschaft zu kooperieren und eine nachhaltige Engagement-Infrastruktur zu schaffen. Wichtigste Themenfelder bei Förderbeginn waren das Engagement für zugewanderte Flüchtlinge und die Demografiepolitik.

2018 startete das Netzwerkprogramm Engagierte Stadt in eine zweite Phase. 2018 und 2019 investieren neben dem Bundesfamilienministerium die Bethe Stiftung, die Bertelsmann Stiftung, die Breuninger Stiftung, die Joachim Herz Stiftung, die Körber-Stiftung und die Robert Bosch Stiftung weitere zwei Millionen Euro. Alle 50 „Engagierten Städte" bleiben Teil des Programms und können an Qualifizierungs- und Netzwerkangeboten teilnehmen. Darüber hinaus konnten sie sich mit ihren Konzepten zur Weiterentwicklung der begonnenen Arbeit bewerben. Die Jury wählte 43 Organisationen aus, die zusätzlich zu der ideellen, auch eine finanzielle Förderung in Höhe von bis zu 30.000 EUR erhalten.

5.3   Themen der Engagierten Stadt

Themen sind u. a. Bürgerbeteiligung, Engagementpolitik, Generationenpolitik, Integrationspolitik im Rahmen der Flüchtlingshilfe, Nachbarschafts-Engagement, Quartiersentwicklung und Netzwerkarbeit.

5.4   Beteiligte Städte und Gemeinden

Ahrensburg, Ammerbuch, Apolda, Bautzen, Bitburg, Bocholt, Buchholz in der Nordheide, Cuxhaven, Verbandsgemeinde Daun, Dessau Roßlau, Ebersbach-Neugersdorf, Elmshorn, Flensburg, Forst (Lausitz), Freiberg, Gersthofen, Gießen, Görlitz, Guben, Heidenheim, Herzberg am Harz, Hohe Börde, Holzkirchen,

Illingen, Kaufbeuren, Königswinter, Kronach, Lilienthal, Marburg, Marienberg, Memmingen, Naumburg Neu-Ulm, Neubrandenburg, Neuenhagen, Neustadt (Aisch)-Bad Windsheim, Radebeul, Rheinfelden, Ribnitz-Damgarten, Rösrath, Schmalkalden, Schwerte, Sondershausen, Stendal, Titisee-Neustadt, Weißwasser, Wetzlar, Wilhelmshaven, Worms, Zwickau.

5.5 Projekte

Projekt Sommerschule Illingen Die „Sommerschule" der „Engagierten Stadt Illingen" wird getragen vom Arbeiter-Samariter-Bund (ASB) Illingen, der Katholischen Pfarreiengemeinschaft St. Stephan, dem Illtal-Gymnasiums Illingen und von privaten Helfern. Das Schüler-Ferienprojekt richtete sich sowohl an Kinder aus Flüchtlingsfamilien als auch an deutschstämmige Kinder zwischen 6 und 18 Jahren der Gemeinden Illingen und Merchweiler. Organisatorin die Sommerschule war die UNESCO-Schulkoordinatorin des Illtal-Gymnasiums Illingen. Unterstützt wurde sie von der Projektleiterin „Engagierte Stadt" des ASB Illingen, die dieses Teilprojekt der „Engagierten Stadt Illingen" hervorragend koordinierte. Die Pfarreiengemeinschaft St. Stephan stellte in ihrem Pfarrheim Räume zur Verfügung und finanzierte das tägliche Mittagessen für die Kinder und einen Teil der notwendigen Schulbücher. Die Kosten für weitere Bücher und Lernmaterialien wurden durch Spenden der „Aktion Palca" (Dritte Welt-AG des Illtal-Gymnasiums) und der AG „Sportbewegte Schule" getragen. In den beiden Projektwochen wurden Unterrichts- und Freizeitaktivitäten angeboten. Kinder aus Familien, für die ein Nachhilfeunterricht schwer zu finanzieren ist, konnten die Inhalte des letzten Schuljahres nacharbeiten, vertiefen oder sich für das kommende Schuljahr fit machen. Vormittags fand für die 32 Kinder und Jugendlichen Deutschunterricht statt mit dem Ziel, sie in Sprach- und Lesekompetenz zu schulen und zu fördern. Nachmittags standen Unterrichtseinheiten in den Fächern Englisch, Mathematik und Physik auf dem Plan.

Die pädagogischen Akzente setzte ein deutsch-syrisches Lehrerteams, zu dem auch der örtliche katholische Pfarrer gehörte. Komplettiert wurde das Lehrerteam durch vier aktuelle und ehemalige Schülerinnen und Schüler des Illtal-Gymnasiums. In den Pausen wurde gemeinsam gegessen und gespielt, wobei Fußball besonders bei den Mädchen beliebt war. Zum Abschluss der Sommerschule fand ein Sport- und Spielfest mit traditionellen Wettbewerben statt.

Caring Community Heidenheim Caring Community Heidenheim – In guter Nachbarschaft: Bürgermentorinnen und -mentoren (die von der Koordinierungsstelle für Bürgerschaftliches Engagement und Demografie ausgebildete wurden) werden dabei begleitet, in ihren Quartieren selbstbestimmte Angebote umsetzten zu können. In allen drei Stadtteilen wurden Anlaufstellen geschaffen, an denen Information über bestehendes Angebote und Neues weitergegeben werden. Des Weiteren bieten diese Raum für Begegnung und Kommunikation sowie Vermittlung von Hilfen, wenn gewünscht. Trägerübergreifende Vernetzung zur Optimierung der Versorgungsstrukturen in den Quartieren und einer Verzahnung von Ehrenamt und Hauptamt. Die Caring Community Heidenheim setzt auf Vernetzung von Verwaltung, Wirtschaft, freien Trägern und Ehrenamt.

„In guter Nachbarschaft" heißt das Projekt einer „sozialen Altersvorsorge", das in drei Stadtteilen schon funktioniert und nach und nach ausgebaut wird. Wer eine kurzfristige Unterstützung im Alltag benötigt, kann sich in der Koordinationsstelle im Bürgerhaus melden. In einer Datenbank sind Ehrenamtliche gespeichert, die dann für Einsätze vermittelt werden. „In guter Nachbarschaft" wird von 14 Organisationen gemeinsam getragen, die das Vorhaben in den nächsten Jahren mitbegleiten, unterstützen und ausbauen. Das Pilotprojekt wurde in den letzten drei Jahren durch Zuschüsse aus verschiedenen Quellen finanziert. Der Großteil kam von den Pflegekassen, aus einem Stiftungskonsortium des Bundes „Engagierte Stadt" und des Landes über das Förderprogramm „Gemeinsam sind wir bunt". Der Landkreis Heidenheim und die Stadt Heidenheim beteiligen sich ebenfalls.

Freiwilligenagentur Schaffenslust Memmingen Die Freiwilligenagentur „Schaffenslust" ist ein regionales Kompetenzzentrum zur Förderung und Koordination Bürgerschaftlichen Engagements in seiner ganzen Vielfalt. Träger ist der gemeinnützige Verein „Freiwilligenagentur Memmingen-Unterallgäu e. V.". Bürgerschaftliches Engagement bedeutet für die Freiwilligenagentur „Schaffenslust" unentgeltliches und freiwilliges Mitwirken der Bürgerinnen und Bürger für die Region Memmingen. Man sieht sich als Ergänzung und nicht als Ersatz für staatliche Aufgaben. Zur „Vision" erklärt der Verein in seiner Selbstdarstellung: „Wir wollen eine offene und solidarische Bürgergesellschaft, in der alle Menschen und Organisationen unabhängig von ihrer politischen, kulturellen, religiösen oder weltanschaulichen Zugehörigkeit kreativ und verantwortlich mitgestalten können. Solidarisches Handeln soll selbstverständlich sein und nicht als Last, sondern als Bereicherung gesehen werden. Dabei möchten wir den Bürgern aller Generationen, Kulturen und Religionen die Freude, die Notwendigkeit und den Sinn freiwilligen Engagements vermitteln." (fwa-schaffenslust.de).

Projektfelder sind Jugendengagement, Flüchtlingshilfe, Integrationspaten, Schülerpaten, Hilfe bei der Wohnungssuche, Freiwilligendienst aller Generationen (FDAG), Talentförderung „Große für Kleine", spielerische Förderung der Entdeckungslust von Kindergartenkindern in den Bereichen Naturwissenschaft und Technik („kleine Entdecker"), Seniorenbegleiter.

Bürgerkommune als Chance – Fazit 6

1. Die Bürgerkommune ist kein totgerittenes Pferd. Weil Stadt ohne Bürgerinnen und Bürger nicht stattfindet, bleibt Partizipation die richtige Antwort auf abnehmende Akzeptanz staatlicher Entscheidungen und Planungen sowie auf die oft beschworene Krise der Institutionen. Allerdings muss sie gut geplant, legitimiert und fair organisiert sein.
2. Ohne Bürger findet Stadt nicht statt. Starke Demokratie erfordert Bürger-Engagement und Bürger-Power, insbesondere in Kommunen, wo sich politische Entscheidungen aller Ebenen unmittelbar auswirken.
3. Die Bürgerkommune schafft, wenn sie gut organisiert ist, Win-Win-Situationen für alle Beteiligten. Sie bündelt Ressourcen und bietet die Chance, bisher „verborgenes" Sozialkapital zu aktivieren. Zu den wichtigen positiven Effekten zählen die Aktivierung lokalen Potenzials und sozialen Kapitals, Empowerment von bisher Unbeteiligten, die Übernahme von Eigenverantwortung und die Stärkung der kommunikativen Kompetenz.
4. Aktive Bürgerinnen und Bürger sind das Sozialkapital einer Kommune. Wo Bürger auf Engagement und Solidarität statt auf Couching setzen, profitieren viele.
5. Kommunen können gerade in Zeiten, in denen Teile der Wählerschaft die repräsentative Demokratie infrage stellen, das repräsentative System dadurch stärken, dass sie stärkere partizipative Elemente institutionalisieren und umfassend und transparent kommunizieren.
6. Die Entscheidung treffen die Organe. Zur Legitimation einer Bürgerkommune gehört zwingend der Ratsbeschluss. Bürgerkommunen, die nur auf Initiative der Verwaltung auf den Weg gebracht und nicht durch das Organ Stadt-/Gemeinderat legitimiert sind, haben so lange keine Entscheidungs- und Handlungsmacht, solange ihnen nicht garantiert wird, dass ihre Ergebnisse auch in die kommunale Politik einfließen (können).

© Springer Fachmedien Wiesbaden GmbH, ein Teil von Springer Nature 2019 33
A. König, *Bürgerkommune*, essentials,
https://doi.org/10.1007/978-3-658-24168-1_6

7. Partizipation ist keine „Umgehungsstrategie" für Bürgermeister, um Ratsblockaden auszuhebeln.

8. Engagement mit politischen Implikationen ist kein Zwang, bietet aber Chancen. Wenn der Mensch sich also in einem politischen Zusammenhang betätigt, hat dies Folgen für ihn und die Gesellschaft.

9. Die Bürgerkommune lebt von der Teilhabe aktiver Gruppen, Initiativen und Einzelbürger am politischen Willensbildungs- und Entscheidungsprozess. Die Ausgangslage ist in jeder Kommune anders. Partizipation soll im besten Sinne Gemeinwohl-orientiert sein, muss dies aber nicht. Altruismus ist also nicht zwingend notwendig.

10. Darum geht es letztlich in der Bürgergemeinde: um Motivation, Information, Selbststeuerung, Transparenz, Engagement, Teilhabe und Kollaboration in einem Netzwerk williger Bürger, die freiwillig Aufgaben und Entscheidungen übernehmen. In Zeiten der Konsolidierung schien dies ein Mittel der Wahl, um die Bürger wieder zu interessieren und zu aktivieren, zu kooperieren, über Inhalte, Wertvorstellungen und Ziele der Kommune zu diskutieren, mit zu entscheiden und dabei durchaus auch Interessen durchzusetzen und damit lokale Politik mit zu gestalten.

11. Wenn engagierte Bürger dies wollen, können sie in Graswurzelmanier ihre Städte und Gemeinde umgestalten. Und wenn Bürgermeister und Stadt-/ Gemeinderäte klug sind, unterstützen sie dieses Engagement tatkräftig und nachhaltig. Wir reiten kein totes Pferd. Wir satteln ein frisches.

12. Die Aufgaben- und Engagementfelder einer aktiven Bürgerkommune sind vielfältig. Aktivierende Befragungen gehören ebenso dazu wie Beratungen, Projekte, Planungen, die Versorgung alter Menschen, Kinderparlamente, Kommunikation, Feste, Nachbarschaftsförderung, Mobilitätskonzepte, Konfliktlösungen, Integration und Inklusion von Migranten und Menschen mit Behinderung, Netzwerkarbeit, Prävention, Jugendarbeit, Werkstattarbeit und Ordnungsaktivitäten. Es geht um Lebenswelten, Selbstorganisation, Teilhabe und Brennpunkt-Konflikte. Die sind je nach Größe der Stadt und sozialer Balance sehr unterschiedlich. Deshalb kann es keine Schnittmuster für Teilhabe im Gemeinwesen geben.

13. Bürgerkommune ist kein Selbstläufer.

14. Konfliktfreie Bürger- und Gemeinwesenarbeit ist nicht zu haben. Der „Kampf um Positionen und Besitzstände, Ressourcen und Karrieren, Einfluss und Macht" (Bogumil & Schmid 2001, 101) gehört zum Alltag politischen Handelns und ist deshalb auch in Partizipationsprozessen von vornherein einzukalkulieren, um Frustrationen zu vermeiden.

15. Da Kommunen immer Machträume sind, wäre es naiv, Machtfragen auszuklammern, wenn es um Partizipation und Reformen geht. Wer im Machtraum Stadt mehr Macht an die Bürger gibt, muss anderen Beteiligten (Politik, Verwaltung, Wirtschaft, Institutionen) Macht entziehen und diese partiell neu verteilen. Das ist konfliktträchtig, aber unvermeidbar.

16. Man sollte das Konzept Bürgerkommune pragmatisch statt visionär mit erkennbaren Zwischenetappen anlegen. Damit wird die Messlatte für Bürgerkommunen weniger hoch gelegt. Das macht auch die Umsetzung einfacher und realistischer.

17. Ist die Bürgerkommune pragmatisch statt visionär, kann sie zu einem bundesweit zu etablierenden Standard werden. Das sollte das Ziel der Aktivitäten sein.

18. Politik ist immer Kommunikation. Kommunen, die sich als Bürgerkommunen verstehen, haben umfassende Informationsaufgaben zu lösen. Wenn Bürger über Planungen, Sachfragen und Haushaltsentscheidungen befragt werden, wenn deren Meinung schließlich in Sachentscheidungen der Organe einfließen sollen, dann müssen sie durch transparente Information (– auf Augenhöhe mit Verwaltung und Rat –) in die Lage versetzt werden, ebenso gute Entscheidungen zu treffen wie ihre gewählten Repräsentanten in den Gremien. Es darf dann keine selektive Informationspolitik geben. Augenhöhe heißt im gesamten Verfahren Augenhöhe.

19. Pragmatismus in der Bürgerteilhabe bedeutet, die neuen Kommunikationsinstrumente ohne falsche Scheu zu nutzen. Nicht Bedenkenträgerei ist gefragt, sondern Mut zur umfassenden Beteiligung der Menschen einer Kommune. Vom Rats- und Bürgerinformationssystem über Soziale Medien, Whatsapp-Gruppen, digitale Konsultationen und Wissensmanagement-Tools reichen die pragmatischen Möglichkeiten der Information und Kommunikation. Grundsätzlich gilt das Prinzip „Open Data".

20. Bürgerkommunen müssen mit Hindernissen und Hemmnissen leben und diese überwinden. Dazu gehört die Angst der Eliten in Bund und Ländern, die Handlungsspielräume der Kommunen zu revitalisieren und zu erweitern. Das ist kurzsichtig. In der Kommune spielt die Musik. Damit sie spielen kann, braucht die Kommune Ressourcen, Promotoren und Spielräume.

21. Der Wunsch der Bürgerschaft nach Offenheit steht in scharfem Kontrast zum Vertraulichkeitsprinzip der Behörden und der Geheimniskrämerei der Parteien. Noch immer tun sich Behörden und Institutionen schwer, einen voraussetzungsfreien Zugang zu Informationen zu gewährleisten, wie es insbesondere die Umweltinformationsgesetze des Bundes und der Länder und in eingeschränkter Form die Informationsfreiheitsgesetze vorsehen.

22. Netzwerk-Interaktion führt zu komplexen Strukturen, die sich den alten hierarchischen Ordnungen versagen und zunächst durchaus chaotisch wirken können. Selbstorganisierende Bürgergruppen können aber ohne Zweifel aus Chaos über mehrere Stufen der Interaktion einen Ordnungsrahmen der Verständigung schaffen. Garantiert ist dies nicht.

23. Die kommunalen Akteure der Politik (Bürgermeister, Verwaltungen, Stadt-/ Gemeinderäte) haben zwei Möglichkeiten: Sie können resignieren oder agieren. Resignation ist keine Option für die Zukunft.

24. Wenn Politik überhaupt noch einmal Vertrauen zurückgewinnen kann, dann lokal. Vertrauen ist die Grundlage von allem, und Vertrauen kann nur durch Kommunikation, Medien und Sprache geschaffen werden. Weil Vertrauen durch Kommunikation vermittelt wird, durch Metaphern, Symbole, Codes und wahre oder falsche Aussagen, ist es durch glaubwürdige Kommunikation in theoretisch globalen Netzwerken möglich, neben Sozialkapital auch politisches Vertrauenskapital zu sammeln und nutzbar zu machen. Interaktion und Kommunikation sind die Schlüssel. Damit kann jedes Dorf zum *global village* werden. Die alten Beschränkungen gelten in Zeiten der Integration von Text, Bild, Ton und der gleichzeitigen Zentralisierung (Konzerne wie Facebook) und Dezentralisierung von Macht (Individuen) nicht mehr.

25. Entscheidend für den Erfolg einer Bürgerkommune ist eine sorgfältige Ressourcenplanung für die Bürgerbeteiligung. Es geht um Geld, Personal, Zeit, Sachmittel, Raumkapazitäten, Expertenwissen, Wissensrecherche, Haushaltsmittel.

26. Um dies zu steuern, bedarf es ganzheitlicher Management-Ansätze in der Kommunalpolitik, in der die Ressource Bürgerengagement eine wichtige Rolle spielt. Da keine Rolle bei null beginnt und praktisch überall schon Projekte und Aktivitäten unter Bürgerbeteiligung laufen, ist es notwendig, Bürgerengagement systematisch in die Mittelfrist-Planungen einzubeziehen, haushaltsmäßig zu veranschlagen und organisatorisch und in Zeitplänen zu verankern.

27. Nachhaltige Strategie statt Muddling Through erhöht die Erfolgschancen.

28. Anerkennungskultur ist unverzichtbar.

29. Ziel ist es, möglichst viele Stakeholder zu aktivieren: Bürger, Unternehmen, Vereine, Verbände, Hilfsorganisationen, Medien, Unternehmen, Gewerkschaften, Kirchen, Stiftungen. Sie alle sollen Partner sein.

30. Zivilgesellschaft ist kein billiger Ersatz für professionelle Kräfte, um Kosten einzusparen.

31. Das Pferd lebt. Es muss nur gesattelt werden.

Was Sie aus diesem *essential* mitnehmen können

- Aktive Bürger sind das Sozialkapital einer Kommunen und damit eine wichtige Ressource.
- Bürgerkommunen sind Musterbeispiele gelungener Partizipation, die die repräsentative durch direkte Demokratie vor Ort ergänzen.
- Bürgerkommunen stärken die lokale Demokratie und schaffen Vertrauen.
- Die direkte Mitwirkung der Bürger in Bürgerkommunen setzt systematisches Vernetzen und Kommunizieren voraus.
- Bürgerkommunen erfordern „Augenhöhe" zwischen Politik, Verwaltung und den Akteuren der Bürgerkommune.
- Bürgerkommunen brauchen nachhaltig Ressourcen.
- Ziel ist es, möglichst viele Stakeholder zu aktivieren.
- Fluktuation ist Risiko und Chance einer Bürgerkommune.
- Die Bürgerkommune ist kein Selbstläufer und muss aktiv gemanagt werden.
- Ist die Bürgerkommune pragmatisch statt visionär, kann sie zu einem bundesweit zu etablierenden Standard werden. Das sollte das Ziel der Aktivitäten sein.
- Bürgerkommunen brauchen Netzwerke wie die „Engagierte Stadt".
- „Was alle angeht, können nur alle lösen" (Friedrich Dürrenmatt).

© Springer Fachmedien Wiesbaden GmbH, ein Teil von Springer Nature 2019   37
A. König, *Bürgerkommune*, essentials,
https://doi.org/10.1007/978-3-658-24168-1

Literatur

Altrock, U. (2008). *Strategieorientierte Planung in Zeiten des Attraktivitätsparadigmas.* In: Hamedinger, A. et al. (Hrsg.). Strategieorientierte Planung im kooperativen Staat. Wiesbaden. VS-Verlag. S. 61–86.

Arnim, H. H. v. (2008). *Demokratie in Deutschland. Staatsrecht zwischen normativem Anspruch und politischer Wirklichkeit. Ein Blick auf unsere Republik – 175 Jahre nach dem Hambacher Fest.* In: Magiera, S. – et al. (Hrsg.). *Verwaltungswissenschaft und Verwaltungspraxis in nationaler und transnationaler Perspektive.* Festschrift für Heinrich Siedentopf zum 70. Geburtstag. Berlin: Duncker & Humblot. S. 217–240.

Banner, G. (1999). *Die drei Demokratien der Bürgerkommune.* In: Arnim, H.H. v. (Hrsg.). *Adäquate Institutionen – Voraussetzungen für eine »gute« und bürgernahe Politik.* Speyer. S. 133–162.

Barber, B. (1984). *Strong Democracy. Participatory Politics for a New Age,* Berkeley: University of California Press.

Barber, B. (2013). *Warum Bürgermeister die Welt regieren sollten.* https://www.ted.com/talks/benjamin_barber_why_mayors_should_rule_the_world/transcript?language=de.

Barber, B. R. (1994). *Starke Demokratie. Über die Teilhabe am Politischen.* Hamburg: Rotbuch.

Bauer, H. et al. (Hrsg.) (2017). *Partizipation in der Bürgerkommune.* Potsdam: Universitätsverlag. https://publishup.uni-potsdam.de/opus4-ubp/frontdoor/deliver/index/docId/10160/file/kwischriften10.pdf.

Bogumil, J. et al. (2003). *Das Reformmodell Bürgerkommune. Leistungen – Grenzen – Perspektiven.* Berlin.

Bourdieu, P. (1983). *Ökonomisches Kapital, kulturelles Kapital, soziales Kapital.* In: Kreckel, R. (Hg.): *Soziale Ungleichheiten.* In: Soziale Welt, Sonderband 2, Göttingen, S. 183–198.

Bühlmann, M. (2006). *Politische Partizipation im kommunalen Kontext,* Bern: Haupt Verlag.

Castells, M. (2001). *Das Informationszeitalter I. Der Aufstieg der Netzwerkgesellschaft.* Opladen: Leske & Budrich.

Deutsch, K.W. (1963). The Nerves of Government. Models of Political Communication and Control. New York.

© Springer Fachmedien Wiesbaden GmbH, ein Teil von Springer Nature 2019   39
A. König, *Bürgerkommune,* essentials,
https://doi.org/10.1007/978-3-658-24168-1

Dobslaw, G. (Hrsg.)(2018). *Partizipation-Teilhabe-Mitgestaltung: Interdiziplinäre Zugänge*. Opladen, Berlin, Toronto 2018: Budrich Unipress.

Gerhardt, V. (2007). *Partizipation. Das Prinzip der Politik*, München: Beck.

Große Starmann, C. et al. (2006). *Demographie strategisch gedacht – fünf Schritte auf dem Weg zum Erfolg*. In: Bertelsmann Stiftung (Hrsg.). *Wegweiser Demographischer Wandel: Analysen und Handlungskonzepte für Städte und Gemeinden*. Gütersloh.

Habermas, J. (1981). *Theorie des kommunikativen Handelns, Band 1: Handlungsrationalität und gesellschaftliche Rationalisierung*. Frankfurt a. M.: Suhrkamp.

Hessel, S. (2011). *Empört Euch!*, Berlin: Ullstein.

Hessel, S., Vanderpooten G. (2011). *Engagiert Euch! Stéphane Hessel im Gespräch mit Gilles Vanderpooten*. Berlin: Ullstein.

Holtkamp, L. (2013). *Kommunale Handlungsspielräume und demokratische Legitimation*. In: Harm, K. & Adlerhold (Hrsg.). *Die subjektive Seite der Stadt*. Wiesbaden: Springer Fachmedien. S. 131–149.

Imhof, K. et al. (2006). *Einleitung*. In: Imhof, K. et al. (Hrsg.). *Demokratie in der Mediengesellschaft*. Wiesbaden: VS Verlag für Sozialwissenschaften = Springer Fachmedien.

Irmisch, A. (2013). *Graswurzelkommunikation im Kontext politischer Interessenvertretung*. In: Speth, R. (Hrsg.). *Grassroots-campaigning* (S. 201–212). Wiesbaden: Springer VS.

Jugendhilfeausschuss Landkreis Sigmaringen (2017) (Hrsg.). *Wenn schon – denn schon: Jugend richtig beteiligen*. Handreichung zur Beteiligung von Kindern und Jugendlichen in Gemeinden. Vereinen und Verbänden.

Kaase, M. (1997). *Vergleichende Politische Partizipationsforschung*. In: Berg-Schlosser, D., Müller-Rommel, F. (Hg.): *Vergleichende Politikwissenschaft. Ein einführendes Handbuch*. 3. Aufl. Opladen: Leske und Budrich. S. 159–174.

KGSt (2014). *Leitbild Bürgerkommune. Entwicklungschancen und Umsetzungsstrategie*. KGSt-Bericht Nr. 3/2014. Köln: KGSt.

Klages, H. (2010). *Von der Zuschauerdemokratie zur Bürgergesellschaft? – Bilanz und Perspektiven der Bürgerbeteiligung*. In: Hill, H. (Hg): *Bürgerbeteiligung. Analysen und Praxisbeispiele*. Baden-Baden: Nomos. S. 11–21.

Klages, H. et al. (2008). *Bürgerbeteiligung durch lokale Bürgerpanels – Theorie und Praxis eines Instruments breitenwirksamer kommunaler Partizipation*. Berlin: Ed. Sigma.

König, A. (2009). *Was Bürger wollen: Zivilgesellschaft als Ideengeber für Politik und Verwaltung am Beispiel des Projekts Illingen 2030*. https://www.ssoar.info/ssoar/handle/document/6580.

König, A. (2011). *Bürger und Demographie. Partizipative Entwicklungsplanung für Gemeinden im demographischen Wandel*, Merzig: Gollenstein.

Kretschmer, B., Werner, F. (Hg.) (2011). *Die digitale Öffentlichkeit: Wie das Internet unsere Demokratie verändert*. Hamburg: Friedrich-Ebert-Stiftung, Julius Leber-Forum.

Lindblom, C. (1959). *The Science of Muddling through*. In: Public Administration Review. 19. Jg., 2/1959, S. 79–88.

Macintosh, A. (2006). *eParticipation in Policy Making: The Research and the Challenges. Exploiting the Knowledge Economy: Issues, Applications, Case Studies*. Amsterdam: IOS Press, 2006.

Martini, M. (2014). *Vom heimischen Sofa in die digitale Agora: E-Partizipation als Instrument einer lebendigen Demokratie?*, in: Hill/Schliesky (Hg.): *Die Neubestimmung der Privatheit*, Baden-Baden, S. 193–247.

Mintzberg, H. et al. (2012). *Strategy-Safari: der Wegweiser durch den Dschungel des strategischen Managements*. 2. Aufl., München: Finanzbuch-Verlag.

Mintzberg, H., Ahlstrand, B. & Lampel, J. (1999). *Strategy Safary. Eine Reise durch die Wildnis des strategischen Managements*. Wien/Frankfurt: Ueberreuter.

Oswald, M., Johann, M. (Hrsg.). *Strategische Politische Kommunikation im digitalen Wandel*. Springer VS, Wiesbaden.

Picone, A, Bauer-Polo, I. (2001). *Die Stadt Bozen – ein partizipatives Gemeinwesen*. In: Mückenberger, U. (Hg.): *Bessere Zeiten für die Stadt. Chancen kommunaler Zeitpolitik*. Wiesbaden: VS Verlage für Sozialwissenschaften. S. 160–164.

Plamper, H. (2000). *Bürgerkommune: Was ist sie? Was soll sie sein? Was ist zu tun?* Arbeitspapier No. 32, Hans-Böckler-Stiftung, Düsseldorf.

Rinn, M. (2016). *Konflikte um die Stadt für alle: das Machtfeld der Stadtentwicklungspolitik in Hamburg*. Münster: Westfälisches Dampfboot.

Röhr, U. (1999). *Aufmischen, Einmischen, Mitmischen. Strategien von Frauen zur Zukunftsgestaltung im Rahmen der Lokalen Agenda*. In: Weller, I. et al. (Hg.): *Nachhaltigkeit und Feminismus: neue Perspektiven – alte Blockaden*, Bielefeld: Kleine. S. 169–182.

Roß, P.S., Roth, R. (2018). *Bürgerkommune*. In: Klie T., Klie A. (Hg.) *Engagement und Zivilgesellschaft. Bürgergesellschaft und Demokratie*. Springer VS, Wiesbaden, S. 163–268.

Roß, P.S., Roth, R. (2018). *Bürgerkommune. Potentiale und Grenzen einer demokratischen Leitidee*. In: Netzwerk Bürgerbeteiligung. eNewsletter Netzwerk Bürgerbeteiligung 01/2018 vom 26.03.2018. https://www.netzwerk-buergerbeteiligung.de/fileadmin/Inhalte/PDF-Dokumente/newsletter_beitraege/1_2018/nbb_beitrag_roth_ross_180326.pdf (Abruf 5.8.2018).

Roß, P.-S. (2012). *Demokratie weiter denken: Reflexionen zur Förderung bürgerschaftlichen Engagements in der Bürgerkommune*. Baden-Baden: Nomos.

Sinning, H. (2005). *Partizipation – neue Anforderungen an eine bewährte Governanceform*. In: Informationen zur Raumentwicklung. Heft 9-10/2005. S. 579–588.

Sinning, H. (2006). *Urban Governance und Stadtentwicklung. Zur Rolle des Bürgers als aktiver Mitgestalter und Koproduzent*. In: vhw FW 1/ Januar-Februar 2006. S. 87–90.

Smettan, J., Patze, P. (2014). *Bürgerbeteiligung vor Ort: sechs Beteiligungsverfahren für eine partizipative Kommunalentwicklung*. 2. Aufl., Bonn: Stiftung Mitarbeit.

Trénel, M. (2018). *Bürgerbeteiligung online. Demokratie reloaded*. Portal des Goethe-Instituts. https://www.goethe.de/de/kul/ges/21174010.html (abgerufen 22.7.2018).

van Deth, J. (2009). *Politische Partizipation*. In: Kaina, V. & Römmele, A. (Hg.) *Politische Soziologie : Ein Studienbuch*. S. 141–161, Wiesbaden: VS Verlag für Sozialwissenschaften.

Verba, S. et al. (1995). *Voice and Equality. Civic Voluntarism in American Politics*. Cambridge, Mass./London: Harvard Univ. Press.

Vowe, G. (2017). *Partizipation über und durch das Netz*. In: Bauer, H. et al. (Hg.). *Partizipation in der Bürgerkommune*. Potsdam: Universitätsverlag. S. 159–171.

Wentzel, J. (2010). *Bürgerbeteiligung als Institution im demokratische Gemeinwesen*. In: In: Hill, H. (Hg): *Bürgerbeteiligung. Analysen und Praxisbeispiele*. Baden-Baden: Nomos. S. 37–60.

www.engagiertestadt.de.

https://www.engagiertestadt.de/illingen/.

https://nachbarschaftheidenheim.wordpress.com/eine-seite-2/.

https://www.fwa-schaffenslust.de.